So nutzen Sie das Buch

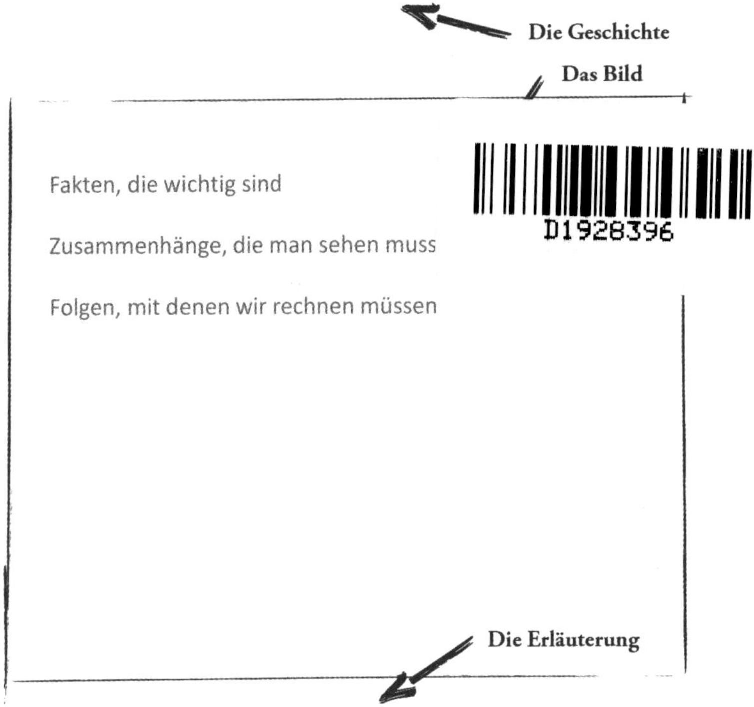

- Dieses Buch will aufzeigen, wie es zur Krise kam, was bisher getan oder auch nicht getan wurde, um die Krise zu bekämpfen, und welche realistischen Lösungsansätze es weiterhin gibt. Und es will Ihnen gezielt die grundlegenden Informationen an die Hand geben, die Sie benötigen, um sich eine fundierte eigene Meinung zum Thema zu bilden.

- Ohne große Worte zeigen Abbildungen die wesentlichen Fakten.

- So können Sie – lieber Leser – selbst beurteilen, wo wir heute stehen.

A. Die Party ...

... war toll! Nun kommt die Rechnung!

Daniel Stelter

1. Dolce Vita auf Pump

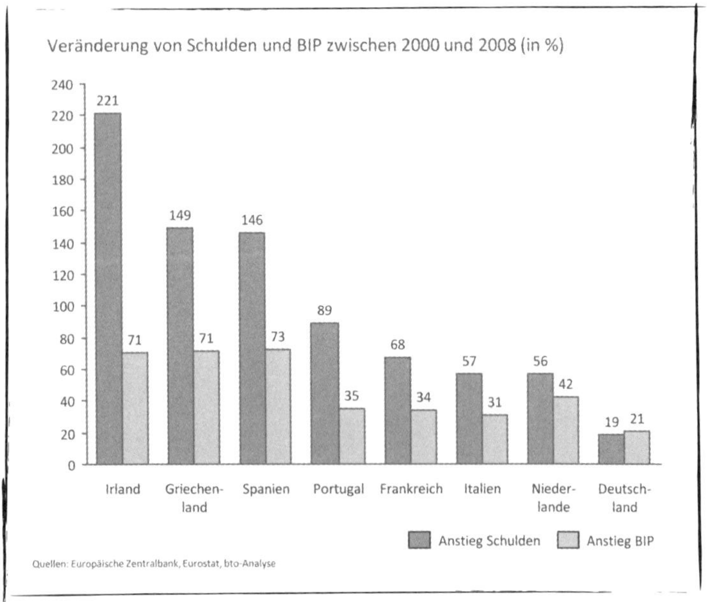

→ Deutschland weist in der Zeit von 2000 bis 2008 das geringste Wirtschaftswachstum auf.

→ In allen Ländern, mit Ausnahme von Deutschland, stiegen die Schulden deutlich schneller als die Wirtschaftsleistung (Bruttoinlandsprodukt bzw. BIP).

→ In Spanien, Griechenland, Irland und Portugal wuchsen die Schulden mehr als doppelt so schnell wie die Wirtschaftsleistung – Dolce Vita auf Pump.

2. Hohe Schulden sind die Folge

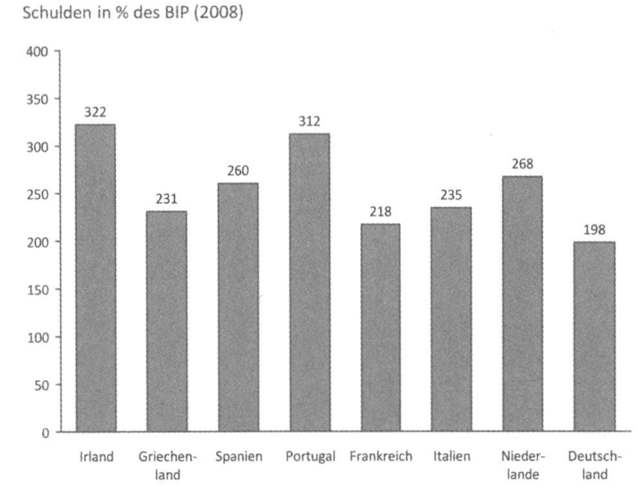

Quellen: Europäische Zentralbank, Eurostat, bto-Analyse

→ Vor Krisenausbruch haben die Schulden in den Euroländern ein Rekordniveau erreicht.

→ Schuldenspitzenreiter sind Portugal und Irland.

→ Deutschland, Frankreich und *Griechenland* weisen das niedrigste Verschuldungsniveau auf.

3. Staat und Private hoch verschuldet

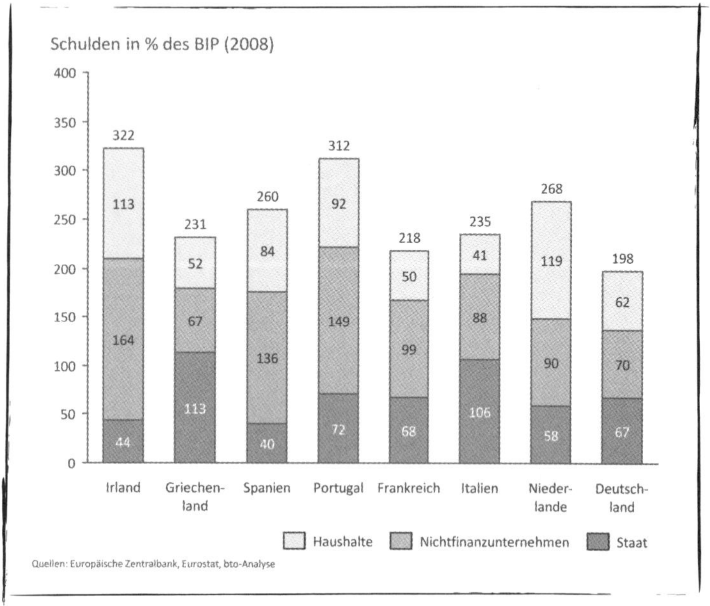

→ Die Verschuldung des Staates war vor Ausbruch der Krise nur in Griechenland und Italien ein Problem. Portugal, Deutschland und Frankreich lagen im Mittelfeld. Irland, Spanien und die Niederlande verzeichneten geringe Staatsschulden.

→ Die privaten Haushalte in Irland, Spanien, Portugal und den Niederlanden wiesen hohe Schulden aus – in allen Ländern gab es einen Immobilienboom.

→ Die Unternehmen in Irland, Spanien, Portugal, Frankreich und den Niederlanden waren ebenfalls hoch verschuldet – auch dies im Zusammenhang mit dem Immobilienboom.

4. Auch anderswo lebt man auf Pump

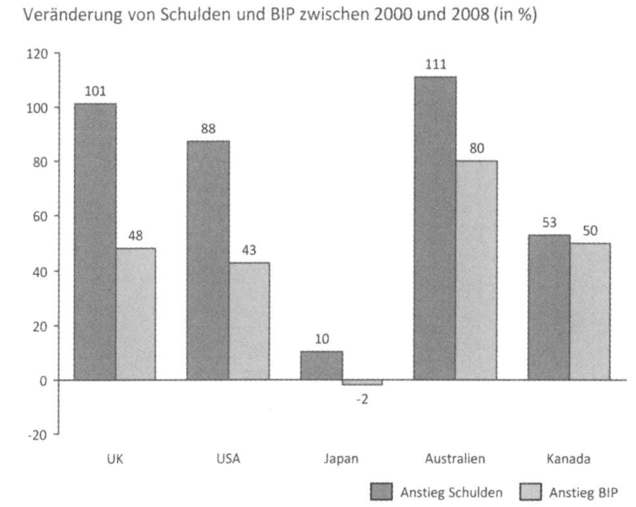

Quellen: Europäische Zentralbank, Eurostat, Federal Reserve, U.S. Bureau of Economic Analysis (BEA), Bank of Japan, OECD: nationale Statistikbüros, bto-Analyse

-> Die Eurozone war mit dem starken Anstieg der Verschuldung nicht allein. Er ist ein Phänomen der Industriestaaten rund um den Globus.

-> Auch in den USA und in England wuchsen die Schulden mehr als doppelt so schnell wie die Wirtschaft.

-> Japan weist den geringsten Anstieg der Verschuldung auf. Hintergrund: Die Immobilien- und Aktienblase platzte bereits 1989. Seither bauen Unternehmen die Verschuldung ab. Der Staat machte entsprechend mehr Schulden.

5. Die Banken feiern mit

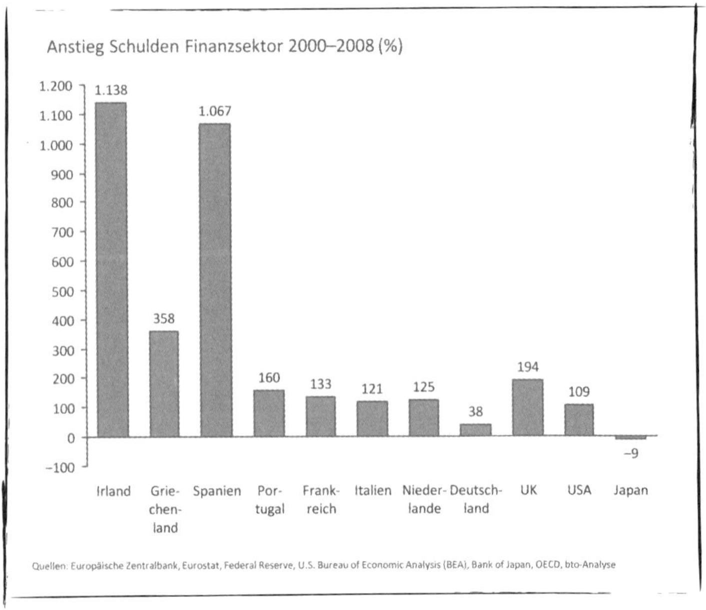

→ Bisher haben wir nur die Verschuldung in der Realwirtschaft betrachtet.

→ Zeitgleich mit dem Verschuldungsboom der Realwirtschaft hat auch der Finanzsektor (Banken, Versicherungen) ein immer größeres Rad gedreht.

→ Um die Realwirtschaft mit immer mehr Kredit versorgen zu können, haben sich auch die Banken an den Kapitalmärkten verschuldet.

→ Hinzu kommt, dass die Kredite mehrmals weiterverkauft und verpackt wurden. So blähten sich die Bilanzen der Banken auf.

→ Der Finanzsektor machte dies jedoch mit immer geringerem Eigenkapital (zuletzt etwa 3 Prozent), was die Krisenanfälligkeit erhöhte.

6. Die Banker verdienen kräftig

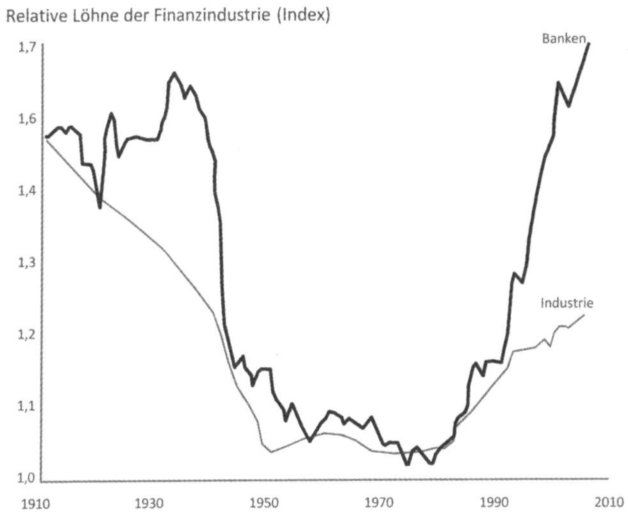

Quellen: National Bureau of Economic Research: *Wages and Human Capital in the U.S. Financial Industry*, 1909–2006, Working Paper 144644; bto-Analyse

- Diese Abbildung zeigt das Gehaltsniveau im Banksektor relativ zu vergleichbaren Jobs in der Industrie.

- Ergebnis: Üblicherweise bekommen Banker keine signifikant höheren Gehälter als Angestellte in vergleichbaren Positionen in der Industrie.

- Nur in den 1920er- und 1930er-Jahren und seit 1990 stiegen die Gehälter deutlich über das Niveau der Industrie.

- Dank des Kreditbooms haben Banken mehr verdient und konnten Gehälter erhöhen. In den kommenden Jahren dürfte es aber zu einer Normalisierung der Bankgehälter kommen.

7. Rekordschulden bei Krisenbeginn

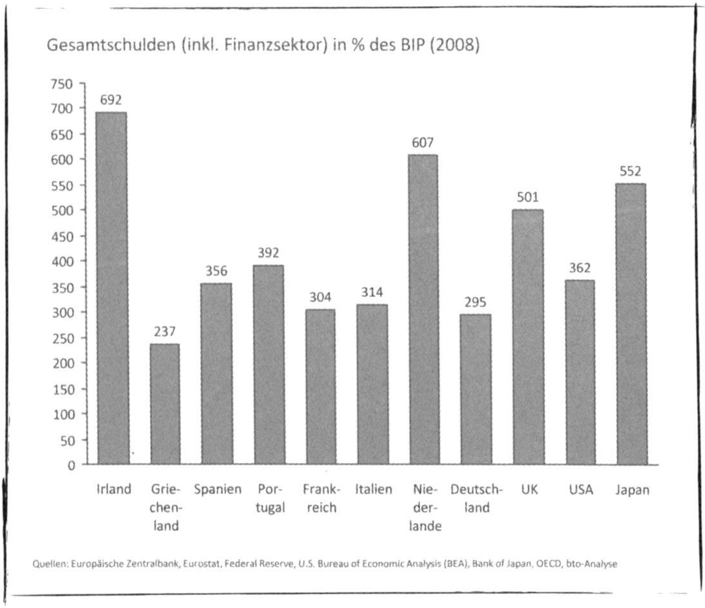

→ Dieses Bild zeigt die Gesamtschulden der Länder zum Zeitpunkt des Krisenausbruchs. Spitzenreiter der Verschuldung sind Irland und die Niederlande. Die geringste Verschuldung weist wiederum *Griechenland* aus.

→ Die Gesamtverschuldung im Verhältnis zur Wirtschaftsleistung ist ein entscheidender Indikator für die Stabilität einer Volkswirtschaft. Japan konnte – bis jetzt – den hohen Schuldenstand durch rekordtiefe Zinsen und weitere Staatsverschuldung stabilisieren. In den Niederlanden stehen den hohen Schulden entsprechende Vermögenswerte gegenüber. Allerdings zeigen sich dort jetzt Folgen des Immobilienpreisrückgangs.

8. Die Schuldenlast ist historisch einmalig

Quellen: Bureau of Economic Analysis, Federal Reserve, Congressional Budget Office, Census Bureau: *Historical Statistics of the United States, Colonial Times to 1970*. Bis Q1 2013 (letzter Punkt = Q4-Durchschnitt, endend mit Q1), bto-Analyse

→ Üblicherweise liegt die Verschuldung von Staat, Unternehmen und privaten Haushalten zwischen 140 und 160 Prozent des BIP – oben das Beispiel USA.

→ Seit 1980 ist die Verschuldung in den USA kontinuierlich gestiegen, bis zu einem Höchstwert von 370 Prozent des BIP.

→ Der kleine Rückgang seit 2008 markiert die Finanz- und Wirtschaftskrise. Privathaushalte haben ihre Schulden reduziert, was im Wesentlichen bedeutet: Sie haben Konkurs angemeldet.

→ Die Schulden liegen immer noch weit über den historischen Werten und deutlich über dem bisherigen Höchststand während der Großen Depression der 1930er-Jahre.

9. Schulden schaffen kein Wachstum

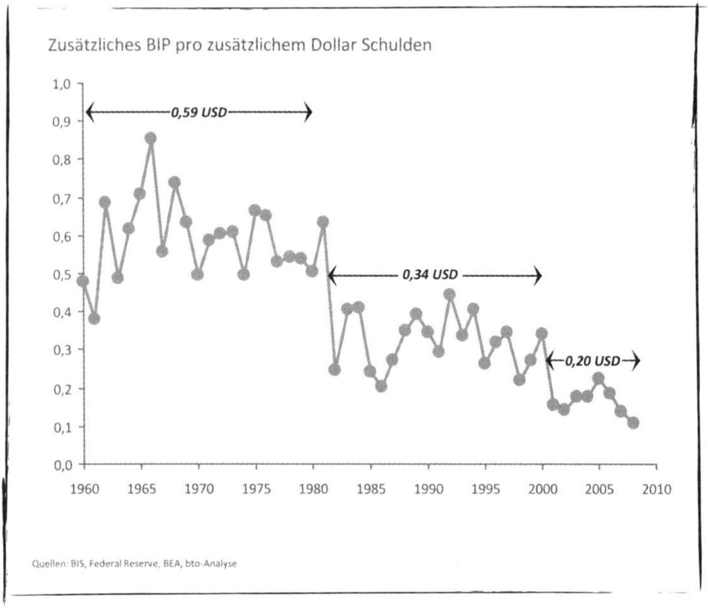

- Die Wirkung von zusätzlichen Schulden auf das BIP nimmt seit Jahrzehnten kontinuierlich ab.
- In den 1960er- und 1970er-Jahren bewirkte 1 US-Dollar noch 59 Cent zusätzliches BIP, seit 2000 nur noch etwa 20 Cent.
- Ursache: Ein immer größerer Teil der neuen Schulden wird genutzt, um bestehende Schulden zu bedienen (Zinszahlungen).

10. Billiges Geld verführt zu Schulden

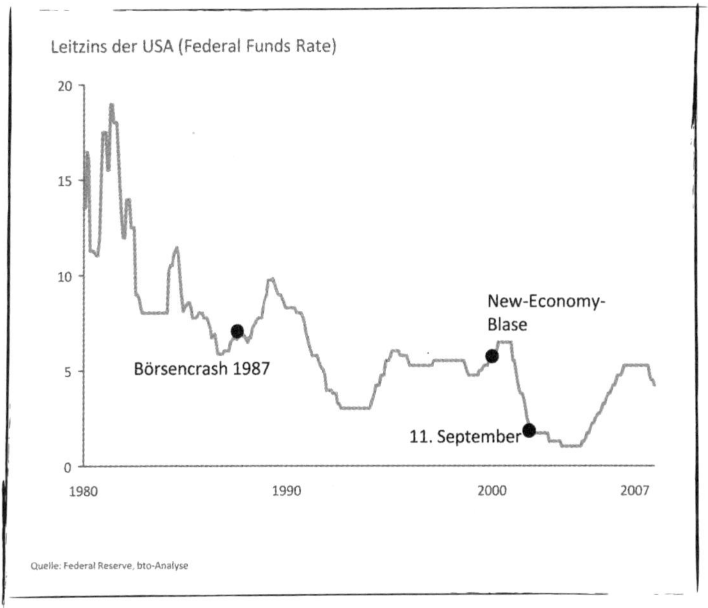

- Seit 1980 sind die Zinsen in den USA kontinuierlich gesunken.
- Bei jeder Krise in den Finanzmärkten hat die US-Notenbank mit Zinssenkungen reagiert.
- Die besonders aggressive Zinssenkung nach dem Platzen der New-Economy-Blase 2000 und nach 9/11 legte die Grundlage für den Immobilienboom in den USA.

11. China drückte die Zinsen zusätzlich

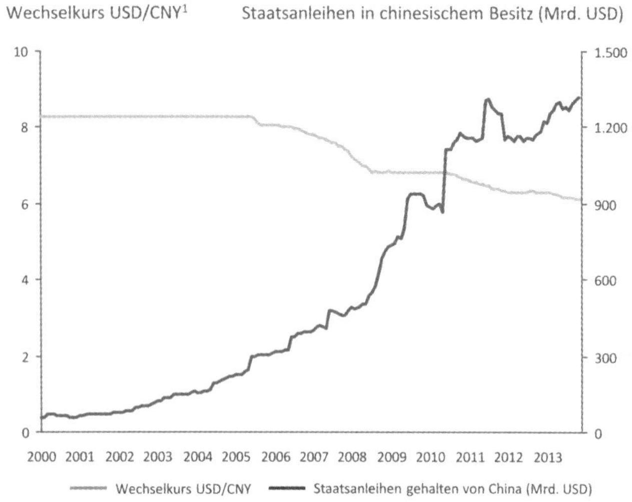

[1] Kurs am 26.02.2014: 1 USD = 6,1248 CNY
Quelle: U.S. Department of the Treasury, www.oanda.com, bto-Analyse

- Die chinesische Politik hat zusätzlich zu niedrigen Zinsen in den USA – und damit in der Weltwirtschaft – geführt.

- Um den Aufbau der eigenen Wirtschaft zu fördern, hat China über Jahre hinweg auf den Export gesetzt. Zu diesem Zweck hielt das Land den Wechselkurs der eigenen Währung (Renminbi, CNY) künstlich tief.

- Um den Kurs zu manipulieren, kaufte China zudem in großem Umfang US-Dollar und legte diese in US-Staatsanleihen an.

- Dies drückte die Zinsen zusätzlich und stimulierte die Verschuldung und die Konsumnachfrage in den USA.

12. Deutsche Zinsen für ganz Europa

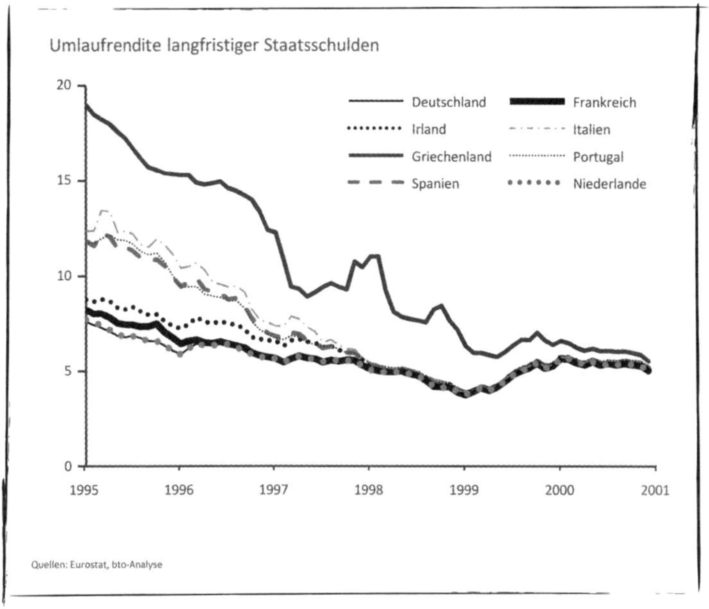

- Vor Einführung des Euro lagen die Zinsen in den meisten Ländern deutlich über dem Niveau in Deutschland.

- Ursache waren höhere Inflationsraten und weniger Vertrauen in die Solidität der Finanzen.

- Nach Beschluss der Euroeinführung sanken die Zinsen in Europa schnell auf deutsches Niveau. Kredite wurden in allen Ländern – mit Ausnahme von Deutschland – deutlich billiger.

13. Gleich für alle ist falsch für alle

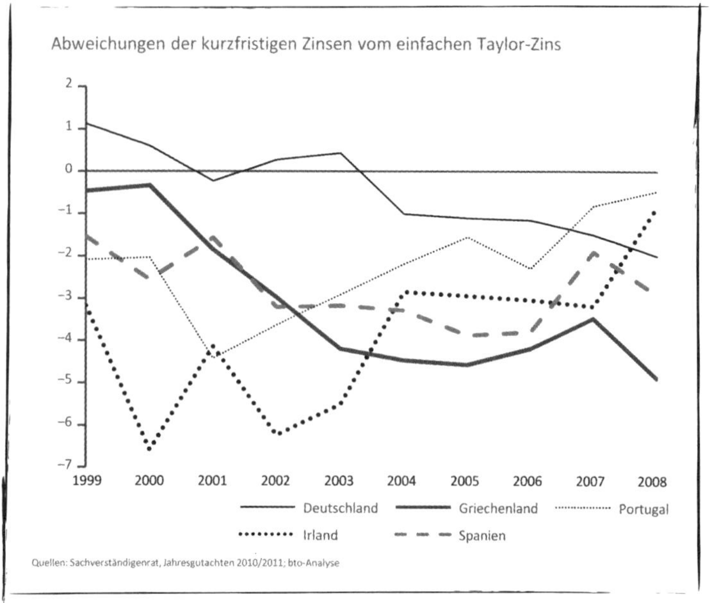

- Wie hoch der Zinssatz in einer Volkswirtschaft sein sollte, bestimmt man nach der sogenannten Taylor-Regel (nach ihrem Erfinder John Taylor).

- Abhängig von Inflationsrate und Kapazitätsauslastung der Wirtschaft ergibt sich ein Sollzins. Unterauslastung und tiefe Inflation führen zu niedrigen Zinsen. Hohe Auslastung und höhere Inflation führen zu höheren Zinsen.

- Die obige Abbildung vergleicht Soll und Ist. Für Deutschland waren die Zinsen bis 2004 zu hoch und für die anderen Länder der Eurozone zu niedrig.

- Zu hoch führt zu einem Abwürgen der Wirtschaft, zu niedrig zu einem Verschuldungsboom.

14. Konsequenz 1: Immobilienboom

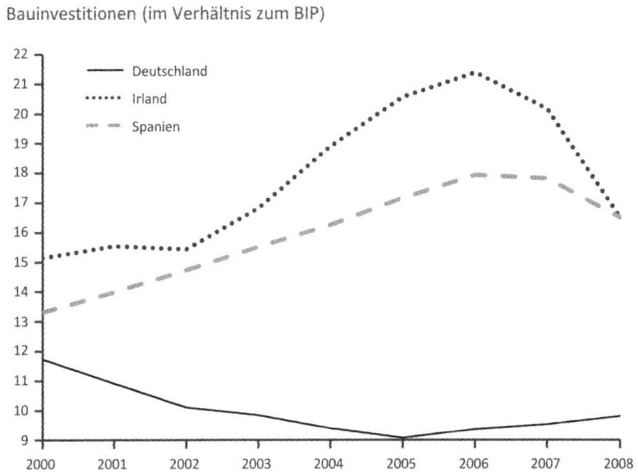

Quellen: Sachverständigenrat, Jahresgutachten 2010/2011; bto-Analyse

- Die Praxis beweist die Gültigkeit der Taylor-Regel. Es gab einen Boom in den Ländern, in denen die Zinsen zu niedrig waren.
- Zu niedrige Zinsen treiben vor allem den Bausektor.
- Zum Höhepunkt des Booms war der Bausektor von Spanien so groß wie jener von Deutschland, Frankreich und Großbritannien zusammen.

15. Konsequenz 2: Steigende Löhne

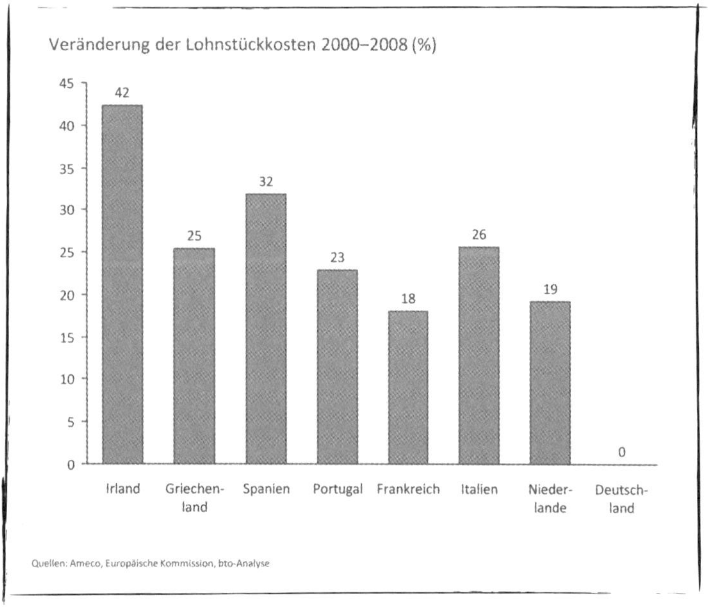

→ Was macht man, wenn die Wirtschaft boomt? Man erhöht die Gehälter, was den Boom zusätzlich befeuert.

→ In allen Ländern, mit Ausnahme von Deutschland, stiegen die Gehälter deutlich.

16. Konsequenz 3: Importboom

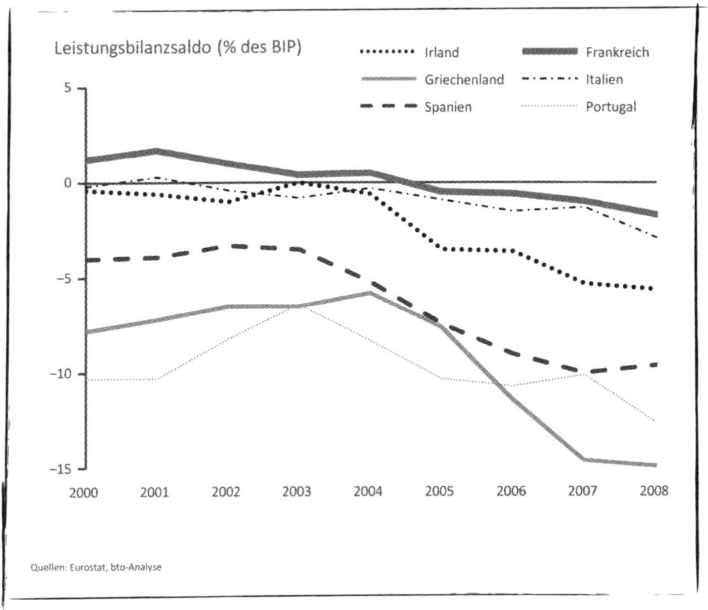

- Infolge des Booms stieg die Konsum- und Investitionsnachfrage in den Ländern außerhalb Deutschlands an.
- Daraus resultierten steigende Importe. Diese Länder haben mehr importiert als exportiert.
- Dies zeigt sich am sogenannten Leistungsbilanzsaldo.
- Wer mehr importiert als exportiert, verschuldet sich dafür im Ausland. Griechenland, Portugal und Spanien haben sich in einigen Jahren 10 Prozent und mehr des eigenen BIP im Ausland geliehen und dafür konsumiert.

17. Aber: Krise in Deutschland

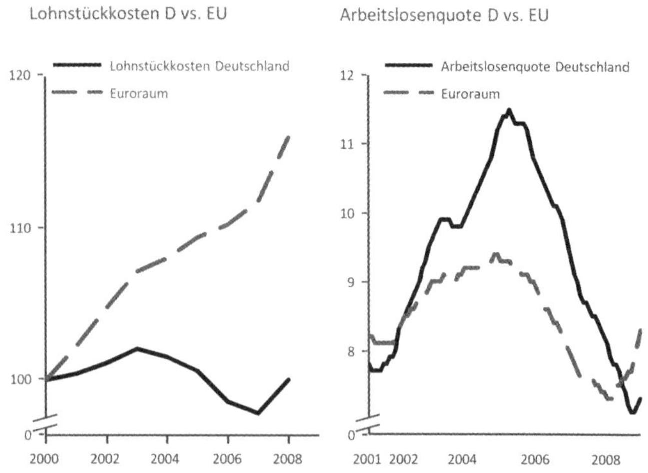

Anmerkung: Euroraum = 17 Länder
Quellen: Ameco, Europäische Kommission, Eurostat, bto-Analyse

→ Die Zinsen waren für Deutschland zu hoch.

→ Deutschland durchlebte deshalb eine jahrelange Stagnation der Einkommen, hohe Arbeitslosigkeit und letztlich die Reformen der Agenda 2010, um wieder wettbewerbsfähig zu werden. Volkswirte sprechen von »interner Abwertung«.

→ Ohne den Euro hätte es die Agenda 2010 mit hoher Wahrscheinlichkeit nicht gegeben.

B. Die Blase platzt

18. Immobilienboom auch in den USA

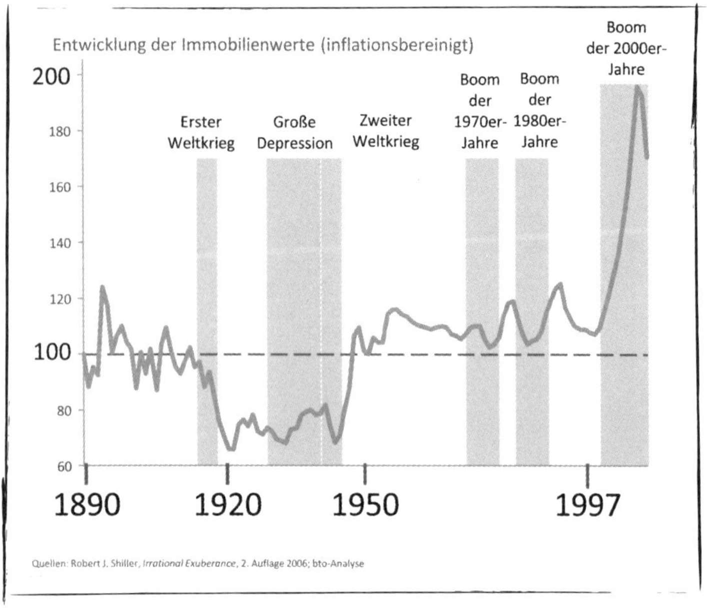

-> In den USA war es nicht viel anders. Das billige Geld trieb einen Immobilienboom historischen Ausmaßes.

-> Noch nie seit 1890 waren Immobilien so teuer – und alle gingen davon aus, dass Immobilien nie im Preis fallen würden.

-> Immer mehr Immobilienkäufer konnten sich Zins und Tilgung nur leisten, wenn ihr Haus im Wert weiter steigen würde.

-> Ein Irrtum!

19. Nichts steigt ewig im Wert

Rückgang der Immobilienpreise USA 2008–2012

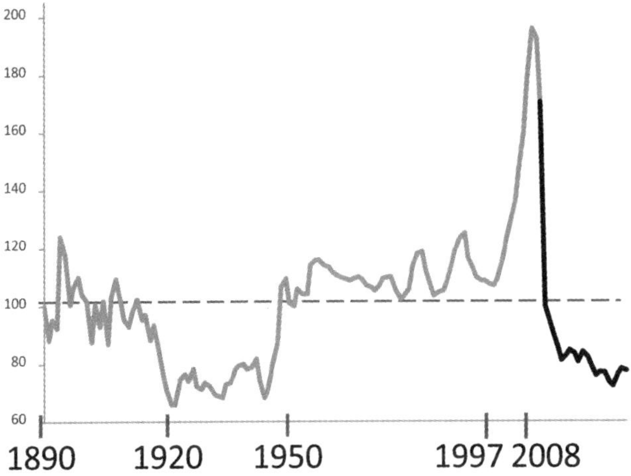

Quellen: Robert J. Shiller, *Irrational Exuberance*, 2. Auflage 2006; bto-Analyse

➔ Immobilienpreise steigen nicht ewig, wie die USA, aber auch England, Irland, Spanien, Portugal und etwas verzögert die Niederlande erfahren mussten.

➔ Der Rückgang führte dazu, dass ein Großteil der Hausbesitzer in den USA auf ein finanzielles Desaster blickte. Das Haus war plötzlich weniger wert als die Hypothek, die darauf lastete.

➔ Damit wurde der Grundpfeiler des (Welt-)Finanzsystems erschüttert. Milliarden von Wertpapieren waren mit – vermeintlich risikofreien – amerikanischen Hypotheken unterlegt ...

➔ ... der Auftakt zur Weltfinanzkrise.

20. Lehman als Symbol der Krise

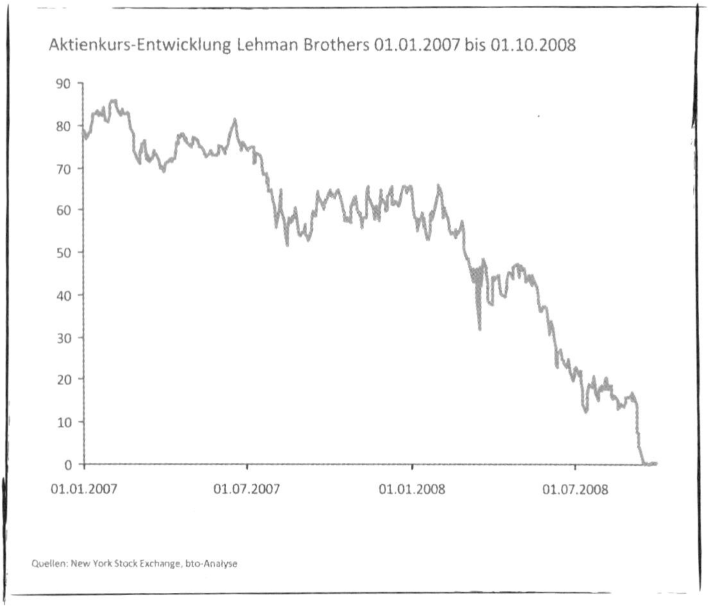

- Lehman Brothers war eine der angesehensten Investmentbanken der USA.
- Wie auch die Konkurrenten machte Lehman eifrig Geschäfte mit US-Hypothekenpapieren.
- Als der Immobilienmarkt kippte, bemerkten sie diesen Umstand später als die anderen Banken. Sie begannen, Verluste zu machen.
- In der Folge setzte ein Run auf die Bank ein. Niemand wollte Lehman noch Geld geben. Ein Rettungsversuch der US-Regierung scheiterte.
- Nein, Lehman war nicht der Auslöser der Finanzkrise. Das waren die Immobilienblase und die hohe Verschuldung.
- Aber Lehman war ein wichtiges Signal.

Nur ein US-Problem?

»Die USA sind der Ursprung der Krise, und sie sind der Schwerpunkt der Krise.«

Peer Steinbrück
Damaliger Finanzminister

Quellen: *Der Spiegel*, »Finanzkrise: Steinbrück wirft USA massives Versagen vor« (25.09.2008); bto-Analyse; Bild: iStock

21. Von wegen US-Problem

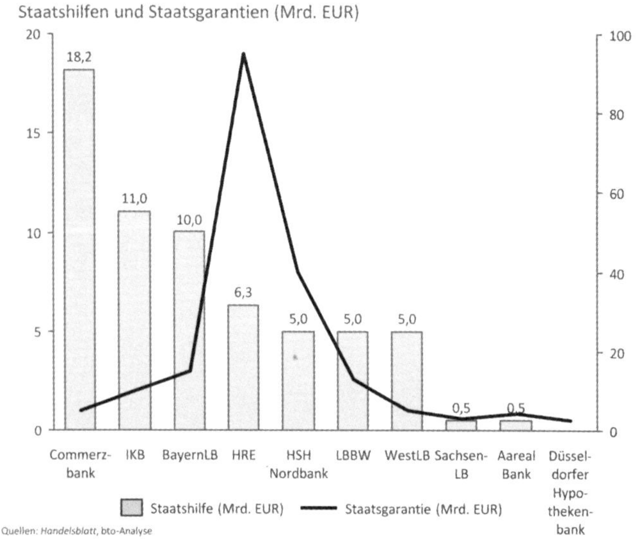

Quellen: *Handelsblatt*, bto-Analyse

→ Deutsche Banken haben viel Geld in – vermeintlich sichere – US-Hypothekenpapiere investiert.

→ Um die Rendite zu steigern, kauften sie diese Wertpapiere zudem noch auf Kredit.

→ Als sich herausstellte, dass die Wertpapiere nicht so sicher und werthaltig waren wie gedacht, wurden sie unverkäuflich. Die Banken konnten die Kredite nicht mehr bedienen.

→ Schließlich musste der deutsche Steuerzahler einspringen, um eine Welle an Bankenzusammenbrüchen zu verhindern.

Wir haben ein Problem

Griechenland schummelte beim Staatsdefizit zum Euroeintritt: Haushaltslücke 1999 3,38 % (bisher offiziell 1,8 %), 1998 waren es 4,13 % (2,5 %) und 1997 gar 6,44 % (4,0 %)

Georgios A. Papandreou
Ehemaliger Premierminister Griechenlands

Quellen: *Süddeutsche Zeitung*, »Statistik-Skandal: Griechen schummelten sich in Währungsunion« (19. Mai 2010); bto-Analyse; Bild: iStock

→ Es begann mit der eigentlich harmlosen Ankündigung, dass das tatsächliche Defizit Griechenlands größer sei als bisher ausgewiesen. Doch rasch wurde deutlich: Griechenland wird nicht in der Lage sein, seine Schulden zu bedienen. Und: Die Euroländer halten sich an die »No-Bailout«-Regel, die im Maastricht-Vertrag steht.

→ Die Finanzmärkte bekamen Panik. Nur wenige Jahre zuvor konnte sich Griechenland zu den gleichen Konditionen Geld leihen wie Deutschland. Jetzt begann eine Flucht. Andere hochverschuldete Staaten bekamen Angst, es könnte ihnen genauso ergehen.

→ Deshalb wurde in einer Nachtsitzung in Brüssel die »No-Bailout«-Regel über Bord geworfen: Es begann eine Rettungsodyssee. Bis jetzt wurden fast 240 Milliarden Euro für Griechenland von den anderen Staaten mobilisiert, zuzüglich einer Beteiligung privater Gläubiger von weiteren rund 100 Milliarden Euro.

→ Immer deutlicher wird: 2014 wird noch teurer.

22. Irlands Banken pleite

30. September 2008	Die irische Regierung kündigt einen Banken-Rettungsschirm in Höhe von 400 Milliarden Euro an.
21. Dezember 2008	Die Anglo Irish Bank wird mit 1,5 Milliarden Euro rekapitalisiert.
15. Januar 2009	Die irische Regierung ist gezwungen, die Anglo Irish Bank zu verstaatlichen.
30. September 2010	Irlands Zentralbank schätzt nach horrenden Verlusten die Kosten für den Steuerzahler aus der Anglo-Irish-Bank-»Rettung« auf 34 Milliarden Euro.
24. Februar 2011	Abwicklung der Anglo Irish Bank.
1. November 2011	85 Milliarden Euro Hilfspaket für Irland von der EU und dem IWF, 35 Milliarden Euro davon für die Banken.

Quellen: *The Guardian*, »Ireland banking bailout timeline« (30.09.2010); *FAZ*, »85 Milliarden Euro für Irland« (29.11.2010); www.theguardian.com/business/2010/sep/30/ireland-banking-bailout-time; bto-Analyse

→ Was wie eine Rettung der irischen Banken aussah, war in Wirklichkeit die Rettung der ausländischen Gläubigerbanken. Diese saßen vor allem in England, Frankreich und Deutschland.

23. Alle hängen mit allen zusammen

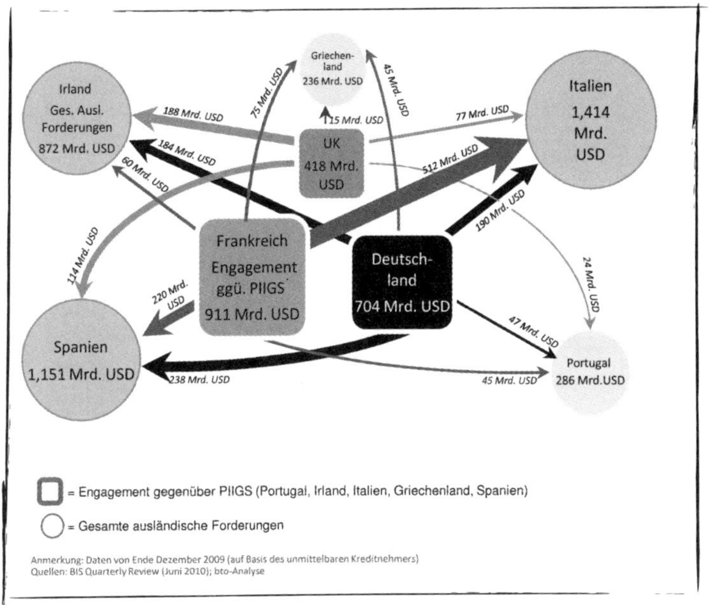

- Italien, Irland, Spanien, Griechenland und Portugal sind die größten Schuldner in Europa.

- Deutschland, Frankreich und England sind die größten Kreditgeber.

- Ende 2009 haben ausländische Banken Forderungen von insgesamt über 4.000 Milliarden US-Dollar an Portugal, Irland, Italien, Griechenland und Spanien.

- Damit war klar: Das gesamte europäische Finanzsystem stand vor dem Kollaps.

24. Flucht aus den Krisenländern

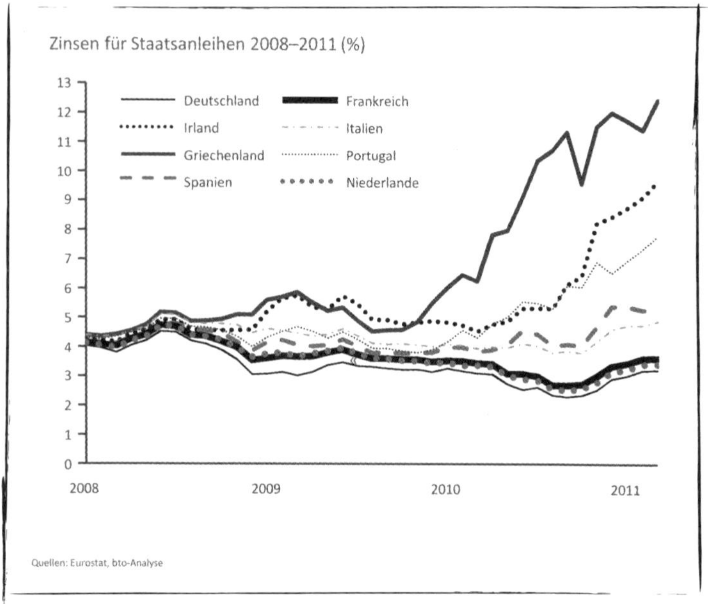

→ Als deutlich wurde, dass nicht alle Staaten solide gewirtschaftet hatten und zudem die Risiken der hohen privaten Verschuldung ins Bewusstsein der Finanzmärkte drangen, gab es eine Flucht aus den Anleihen der Krisenländer.

→ Die Zinsen in Griechenland, Italien, Spanien, Portugal, Irland stiegen.

→ Die Zinsen in Deutschland, Frankreich und den Niederlanden sanken, weil diese Länder als »sicher« galten.

→ Wichtig: Je höher die Zinsen, desto höher die Belastung für den Schuldendienst. Damit steigt am Ende die Wahrscheinlichkeit, dass der Schuldner nicht zurückzahlen kann. Ein Teufelskreis.

25. Keine normale Rezession (1)

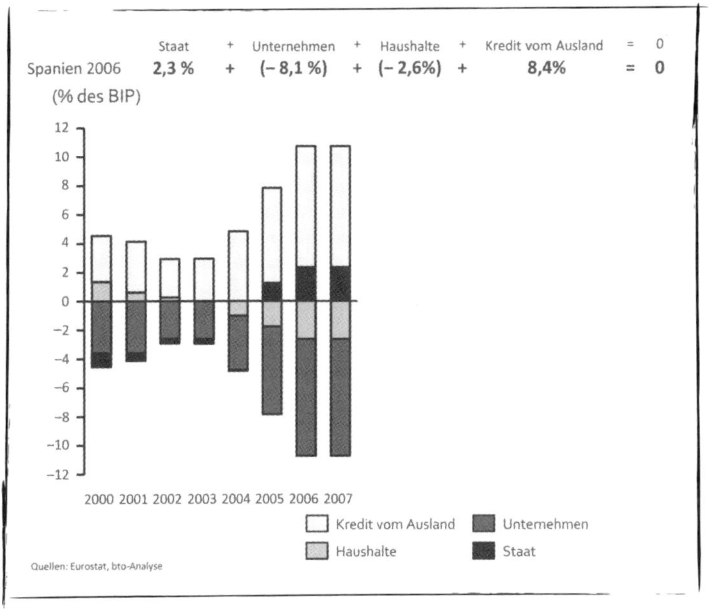

- In der Bilanz einer Volkswirtschaft ist der Saldo aus den Ersparnissen von Staat, Unternehmen und Haushalten sowie den Zuflüssen aus dem Ausland immer gleich null.

- Wenn ein Land also mehr konsumiert als spart, importiert es mehr, als es exportiert, und leiht sich das Geld für diesen Mehrkonsum im Ausland.

- Hier schön zu sehen: der Boom am Beispiel Spaniens. Unternehmen und private Haushalte haben viel mehr ausgegeben als eingenommen. Der Staat hat währenddessen gespart (Überschüsse gemacht) und das Ausland hat großzügig Kredite gegeben.

- Mit diesen Krediten hat Spanien dann Importe bezahlt.

26. Keine normale Rezession (2)

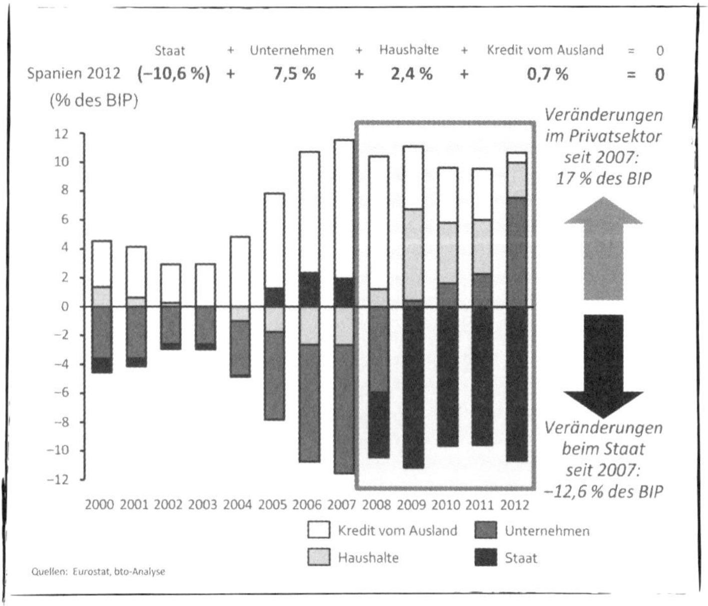

-> 2008 platzte auch in Spanien die Immobilienblase. Die Party war zu Ende.

-> Zunächst begannen die privaten Haushalte zu sparen. Statt sich gesamthaft zu verschulden, sparten sie wieder.

-> Die Unternehmen folgten mit einem Jahr Verzögerung.

-> Dieses Phänomen bezeichnet man als »Bilanzrezession«. Die verschuldeten Sektoren müssen »ihre Bilanzen reparieren«. Es ist dieser Entschuldungsdruck, der diese Rezession von einer »normalen« Rezession unterscheidet.

-> Da aber die Summe aus Ersparnis und Verschuldung immer null ist, müssen Staat und Außenhandel ihre Position verändern. Da es dauert, bis aus Importüberschüssen Exportüberschüsse werden, steigt das Staatsdefizit.

27. Keine normale Rezession (3)

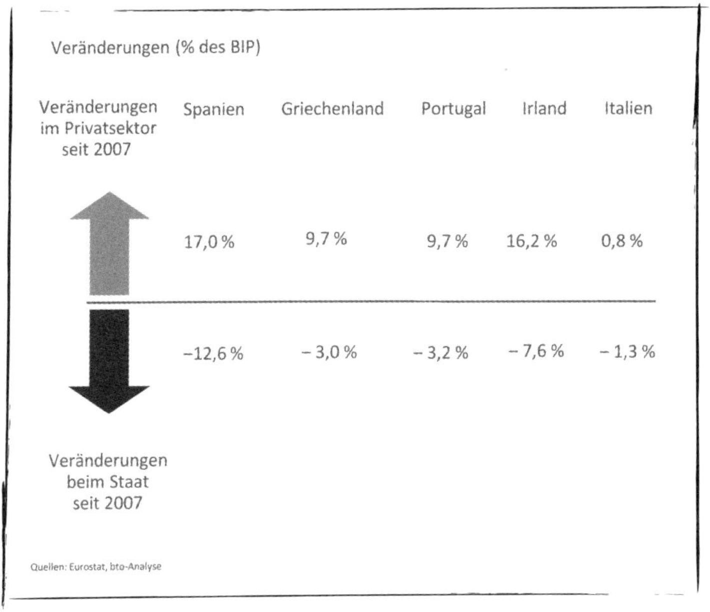

→ Der Einbruch der privaten Nachfrage war in Spanien mit 17 Prozent am größten.

→ Aber auch Griechenland, Portugal und Irland hatten einen großen Umschwung in der Binnennachfrage.

→ Italien hatte im Vorfeld der Krise keine zunehmende Verschuldung des Privatsektors. Demzufolge gab es keinen entsprechenden Umschwung – die Stagnation, die seit der Euroeinführung herrschte, setzte sich einfach fort.

C. Bekämpfung der Krise

28. Geld für Banken

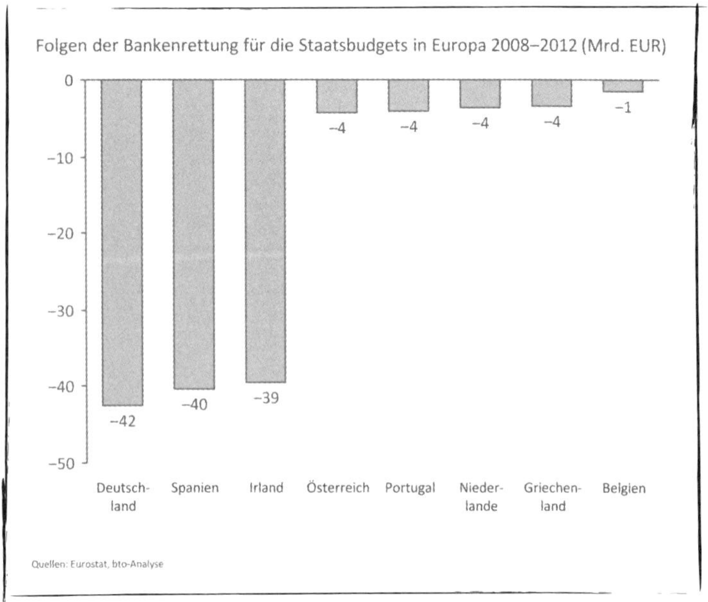

→ Um einen Kollaps des Weltfinanzsystems zu verhindern, wurden in großem Umfang Rettungspakete für Banken bereitgestellt.

→ In Summe haben die Staaten über Kapitalbeteiligungen, Bürgschaften und Darlehen den Banken Milliarden zur Verfügung gestellt.

→ Damit wurden Zusammenbrüche verhindert. Die faulen Forderungen der Banken liegen nun zum Teil bei Staaten oder in sogenannten »Bad Banks«, in welche die Problemkredite und Wertpapiere ausgelagert wurden.

→ Mit der Erholung der Finanzmärkte seit 2009 haben Teile dieser Problempapiere wieder an Wert gewonnen und konnten verkauft werden.

29. Geld für Staaten

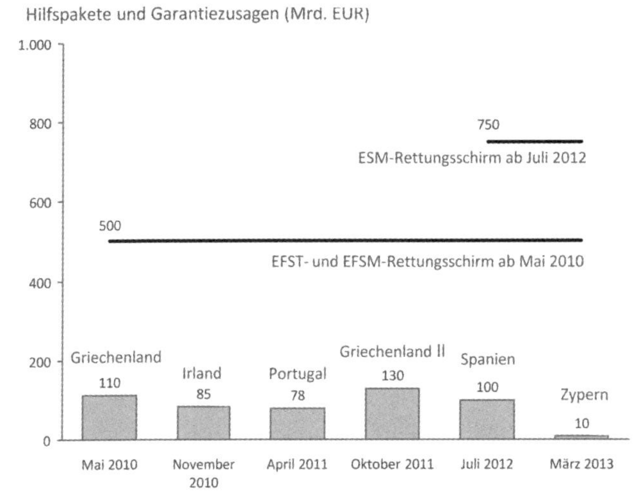

Quellen: *Focus*, *Berliner Zeitung*, Bundesfinanzministerium, bto-Analyse

→ Nicht nur Banken wurden gerettet. In Europa wurden verschiedene Programme aufgelegt, um Staaten zu helfen, die sich am Kapitalmarkt nur noch zu sehr hohen Zinsen finanzieren konnten.

→ Irland, das durch die Rettung der eigenen Banken in Schwierigkeiten war, bekam 85 Milliarden Euro, Portugal bekam 78 Milliarden Euro, Griechenland 240 Milliarden.

30. Geld für Notenbanken

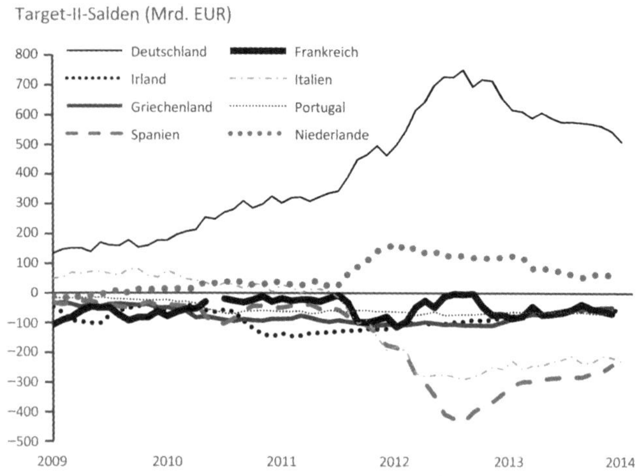

Quellen: Euro Crisis Monitor, Institute of Empirical Economic Research - Osnabrück University, bto-Analyse

- Am Beispiel Spaniens haben wir gesehen, wie wichtig die Kredite des Auslands sind, wenn man mehr importiert als exportiert.
- Mit Ausbruch der Eurokrise waren die privaten Geldgeber nicht mehr bereit, den Krisenländern Geld zu leihen. Im Gegenteil: Es wurde in großem Umfang Geld abgezogen.
- Da diese Länder aber weiterhin mehr importierten als exportierten, musste jemand anderes Kredit gewähren. Dies waren schließlich die Notenbanken der starken Euroländer, allen voran die Deutsche Bundesbank.
- Sichtbar wird dies an den sogenannten **Target-II-Salden**. Hierbei handelt es sich um kurzfristige Ausgleichskonten. Jetzt wurden sie dauerhaft überzogen.

31. Noch mehr billiges Geld

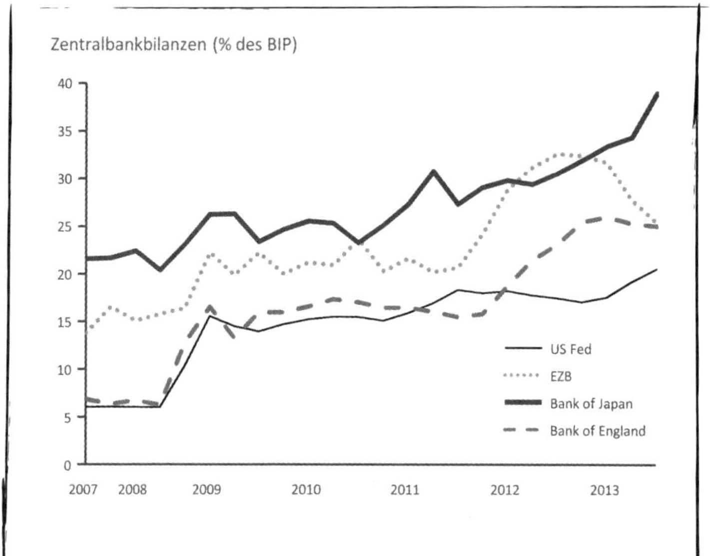

Quellen: Europäische Zentralbank, Federal Reserve, Bank of Japan, Bank of England, bto-Analyse

- Zur Stabilisierung der Finanzmärkte und des gesamten Schuldengebäudes pumpten die Zentralbanken Geld in die Märkte.
- Dies geschah über deutliche Zinssenkungen und den direkten Ankauf von Wertpapieren, das sogenannte »Quantitative Easing« (QE).
- Die Bank of Japan begann mit dem Regierungswechsel 2013 mit QE.
- Die EZB hat – bisher – auf QE verzichtet. Der Anstieg kam vor allem aus langfristigen Krediten an Geschäftsbanken. Seit 2013 zahlen die Banken die Kredite zurück, weshalb die Bilanzsumme wieder schrumpft.

32. Die Finanzmärkte freut es

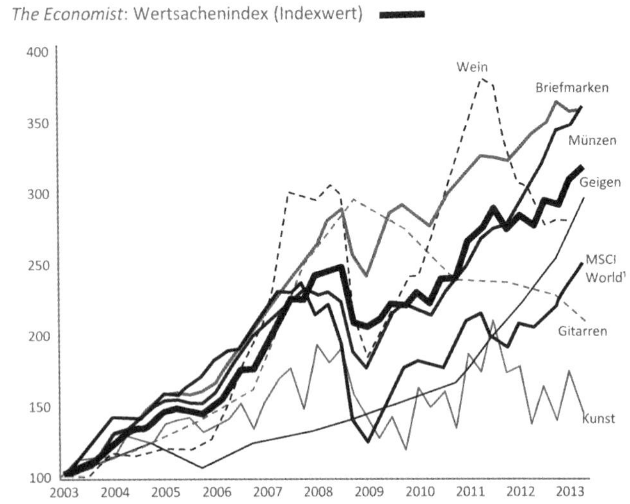

[1] Weltweiter Aktienindex berechnet von SCMI
Quellen: *The Economist*, Mauldin Economics, bto-Analyse

→ Die von den Notenbanken zur Verfügung gestellte Liquidität strömt vor allem in die Finanzmärkte.

→ Die US-Notenbank Fed hat es sich sogar explizit zum Ziel gesetzt, die Aktienmärkte nach oben zu treiben, um über den damit verbundenen »Wohlstandseffekt« (die Leute fühlen sich reicher) den Konsum und damit die Wirtschaft anzukurbeln.

→ Ob dies funktioniert, wird bezweifelt. Auf jeden Fall treibt es die Preise für viele Luxusgüter weltweit (siehe Abbildung).

33. Befeuert durch Wertpapierkredite

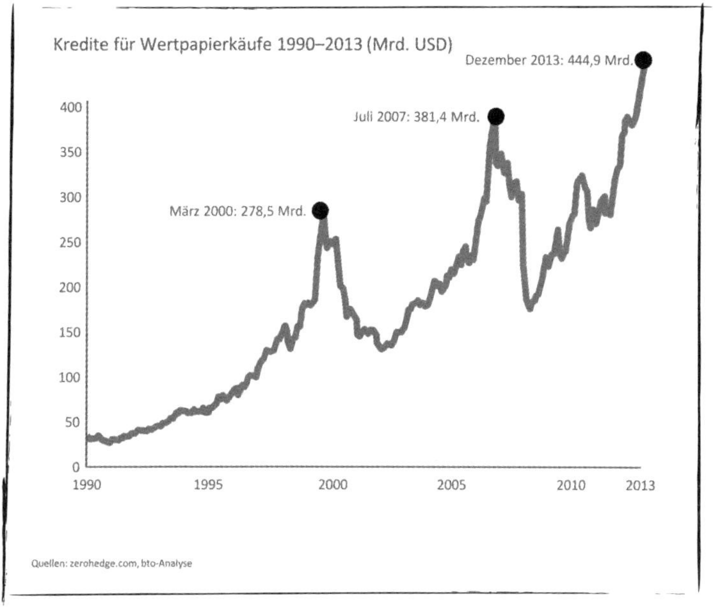

→ Die Finanzmärkte nahmen die günstigen Gelder der Notenbanken nur zu gerne an.

→ Kredite, die für Wertpapierkäufe verwendet werden, nennt man »Margin Debt«.

→ Noch nie waren so viele Wertpapierkredite an der Wall Street ausstehend wie heute. Ein Zeichen für hohe Spekulationsbereitschaft.

34. Aktien wieder teurer

Zyklus bereinigtes Kurs-Gewinn-Verhältnis S&P 500[1]

[1] Kurs durch durchschnittliche Gewinne der letzen 10 Jahre
Robert Shiller, *Irrational Exuberance*, 2. Auflage 2006; bto-Analyse

- Die Abbildung zeigt die Bewertung von Aktien relativ zu den nachhaltigen Gewinnen der Unternehmen.
- Aktien sind wieder teurer als im langfristigen Durchschnitt.
- Letzterer ist durch die Aktienblase Ende der 1990er-Jahre zudem verzerrt.

35. Die Vermögenden profitieren

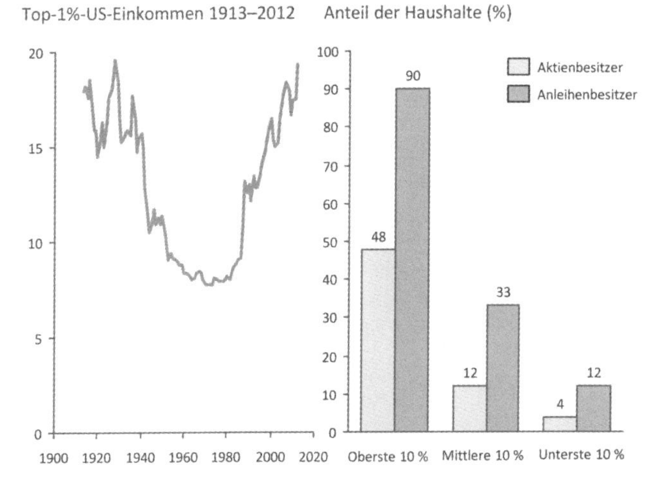

Quellen: Alvaredo, Facundo, Anthony B. Atkinson, Thomas Piketty and Emmanuel Saez: *The World Top Incomes Database*; http://topincomes.g-mond.parisschoolofeconomics.eu/, 01.02.2014; bto-Analyse

- Parallel zur Verschuldungszunahme seit Anfang der 1980er-Jahre gab es auch eine zunehmende Konzentration von Einkommen und Vermögen.

- Die Rettungspolitik seit 2009 hat diesen Trend verstärkt. So entfielen 98 Prozent des Einkommenszuwachses in den USA seit 2009 auf die Top-1-Prozent der Einkommensbezieher.

- Von Preisanstiegen bei Vermögenswerten profitieren naturgemäß nur jene, die bereits über Vermögen verfügen.

- Die Politik setzt auf den Wohlstandseffekt für alle durch eine positive »Ansteckung«.

36. Geld fließt in die Schwellenländer

Drei-Jahres-Kreditwachstum und -BIP-Wachstum (%)[1]

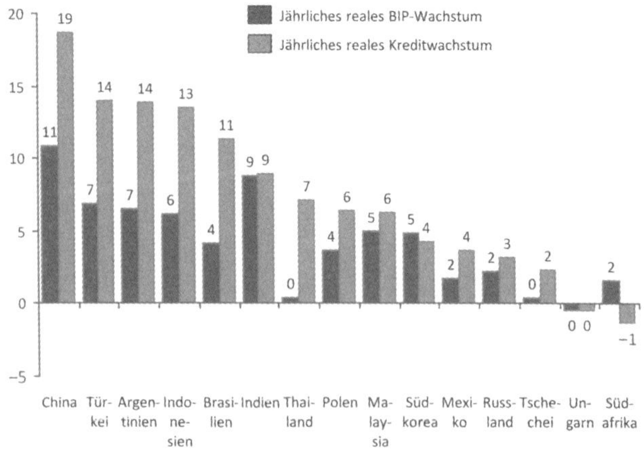

[1]Bis 2013
Quellen: Zentralbanken, OECD: *Economic Outlook*, nationale Daten, BIS 2012, bto-Analyse

→ Doch nicht nur die Finanzmärkte in der westlichen Welt haben profitiert. Auf der Suche nach rentablen Anlagen sind Milliarden von US-Dollar in die Schwellenländer geflossen und haben dort einen Kreditboom entfacht.

→ Im Frühjahr 2014 warnte deshalb die Bank für Internationalen Zahlungsausgleich (BIZ) in Basel vor erheblichen Gefahren für das Weltfinanzsystem.

37. Ab 30 Prozent Auslandsschulden wird es gefährlich

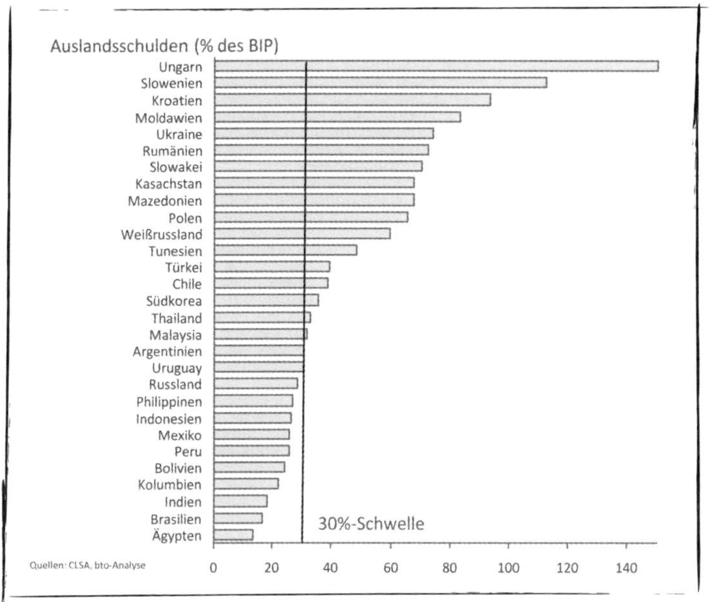

- Sobald die Auslandsverschuldung bei über 30 Prozent des BIP liegt, drohen nach historischen Untersuchungen Finanzkrisen. Doch schon darunter kann es zu Problemen kommen.

- Aktuell gelten Osteuropa, die Türkei, Chile und Peru als besonders gefährdet.

38. Insolvenzverschleppung in den Krisenländern

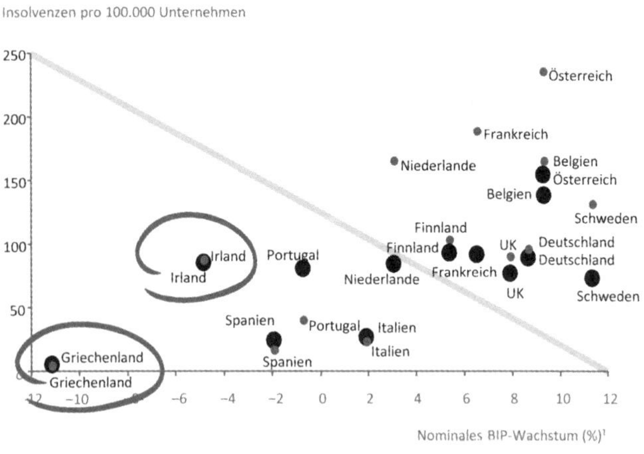

[1]Gesamtes nominales BIP-Wachstum 2008–2011 (%)
Quellen: Creditreform, IMF: *World Economic Outlook*, bto-Analyse

→ Normalerweise ist die Anzahl der Konkurse ein Ausdruck der Konjunkturlage. Rezessionen bringen mehr Konkurse mit sich als Booms.

→ In den Krisenländern gilt dies nicht. Die Zahl der Insolvenzen liegt auf einem tieferen Niveau als in Deutschland und den Niederlanden.

→ Ursache: Die Banken können und wollen die Verluste aus Konkursen nicht realisieren. So werden Kredite verlängert, solange der Schuldner die Zinsen noch bedienen kann.

→ Die *Financial Times* sprach in diesem Zusammenhang von »Zombie-Unternehmen«, die zwar noch existieren, aber nicht in die Zukunft investieren können.

39. Banken finanzieren Staaten

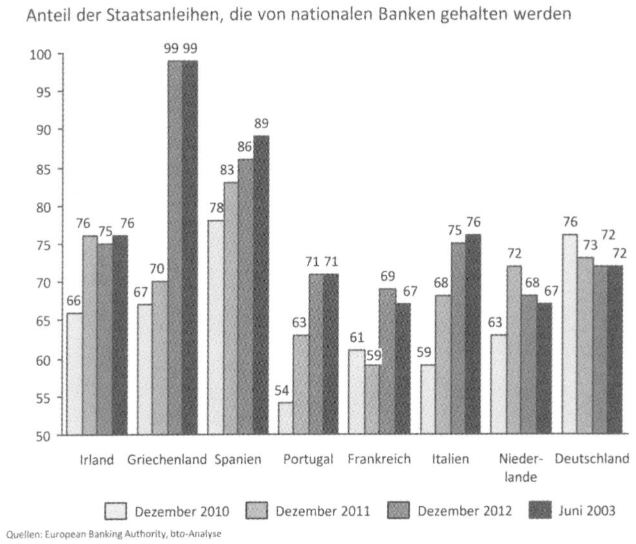

- Die Banken haben das günstige Geld der Notenbanken auch dazu genutzt, Staatsanleihen ihres jeweiligen Heimatlandes zu kaufen.

- Nach dem früheren französischen Staatspräsidenten wird dies auch »Sarkozy-Trade« genannt: Geld günstig bei der Europäischen Zentralbank (EZB) leihen und in besser verzinste Staatsanleihen investieren. Damit wird die Staatsfinanzierung erleichtert.

- Banken müssen für Staatsanleihen kein Eigenkapital vorhalten, weil diese von der (staatlichen) Aufsicht als »risikofrei« eingestuft werden. Das gilt für alle Staatsanleihen, auch die aus Griechenland.

- Die wechselseitige Abhängigkeit von Banken und Staaten ist damit deutlich gewachsen.

40. Europas Banken fehlen 800 Milliarden Euro

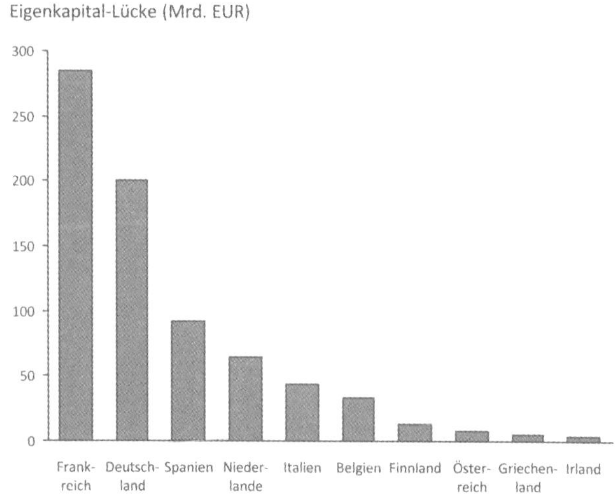

Quellen: CEPS Policy Briefs: *Falling short of expectations? Stress-testing the European banking system*, 15. Januar 2014; bto-Analyse

- Um für die Größe ihrer Bilanzsumme ausreichend gerüstet zu sein, fehlen den Banken der Eurozone nach fünf Jahren Krisenmanagement immer noch bis zu 800 Milliarden Euro.
- Dabei liegen diesen Berechnungen nur *Annahmen* zu den »faulen Krediten« der Banken zugrunde. Die Forderungsausfälle könnten noch größer sein.

41. Keine Erholung vom Einbruch

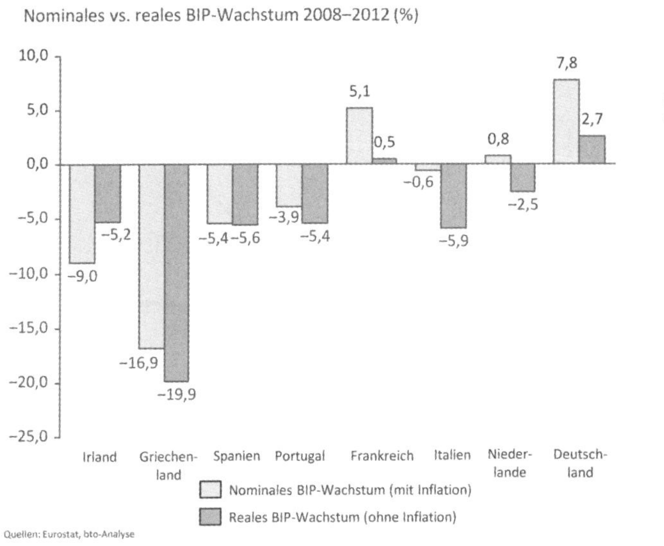

- Trotz erheblicher Anstrengungen der Wirtschaftspolitik liegt die Wirtschaftsleistung in den Krisenländern Europas auch fünf Jahre nach Krisenbeginn unter dem Niveau von 2008.
- Deutschland und Frankreich zeigen als Einzige einen Zuwachs der realen Wirtschaftsleistung.
- Deutschland wird dabei vor allem getragen von Exporterfolgen außerhalb der Eurozone.

42. Rekordhohe Arbeitslosigkeit

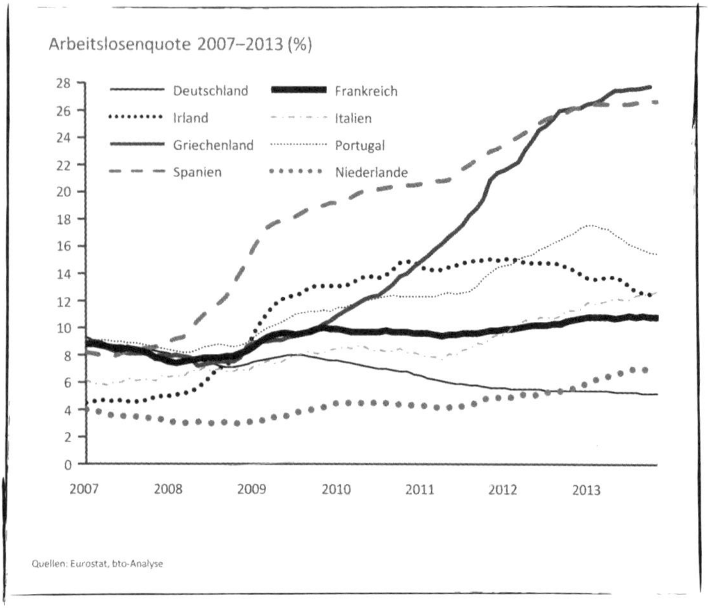

Arbeitslosenquote 2007–2013 (%)

Quellen: Eurostat, bto-Analyse

→ Die Arbeitslosigkeit in ganz Europa ist im Zuge der Krise deutlich gestiegen.

→ Nur in Deutschland ist die Arbeitslosigkeit gesunken.

43. Besonders schlimm für die Jugend

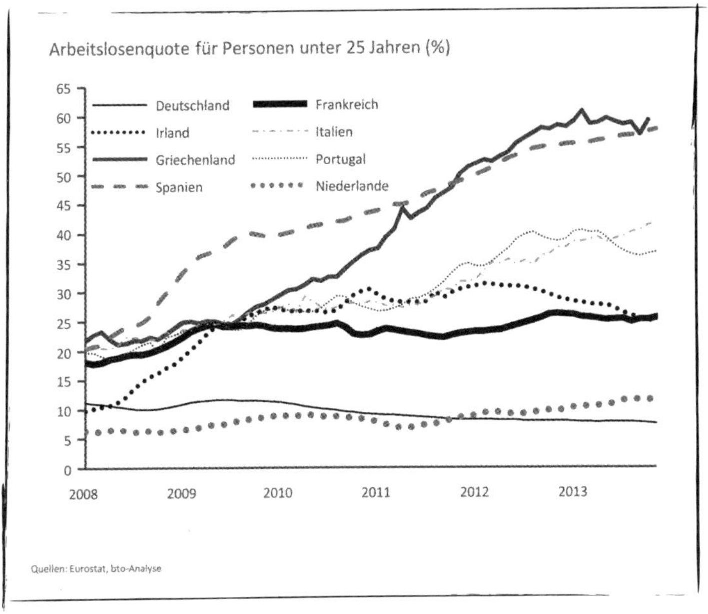

- Der Anstieg der Jugendarbeitslosigkeit ist besonders fatal.
- Studien zeigen, dass Jugendarbeitslosigkeit für die Betroffenen lebenslang geringere Einkommen bedeutet. Wichtige Qualifikationen gehen verloren oder werden gar nicht erst entwickelt.
- Dies verringert die langfristigen Wachstumsaussichten dieser Länder.

44. Schulden wachsen weiter!

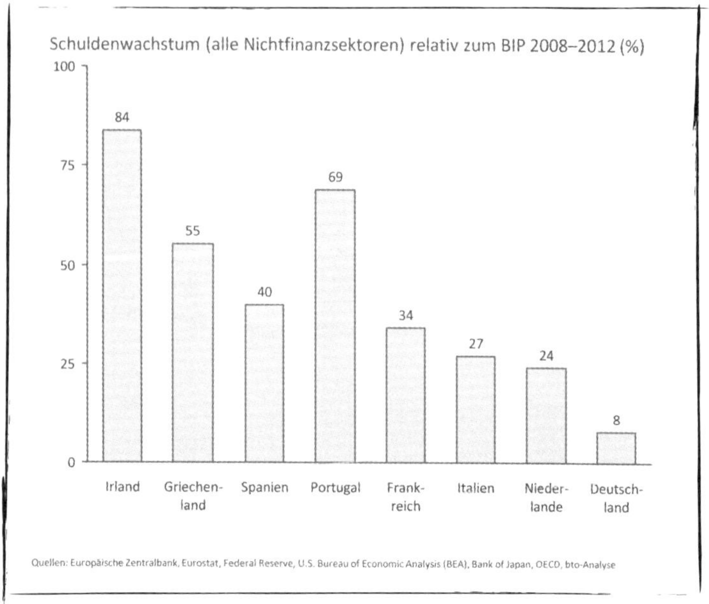

→ Die Antwort auf eine durch zu viele Schulden ausgelöste Krise war, noch mehr Schulden zu machen.

→ In allen Ländern sind die Schuldenstände weiter gestiegen.

45. Schulden höher als 2008!

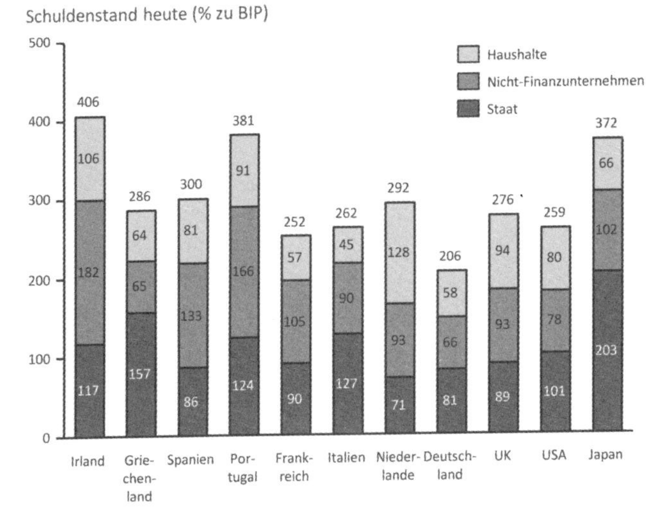

Quellen: Europäische Zentralbank, Eurostat, Federal Reserve, U.S. Bureau of Economic Analysis (BEA), Bank of Japan, OECD, bto-Analyse

→ Die Schulden sind heute höher als im Jahr des Krisenausbruchs (Bild 3 + Bild 44 = Bild 45).

→ Schulden können aber nicht ewig schneller wachsen als das Einkommen.

→ Was tun?

D. Wie raus aus der Krise?

46. Die Eurozone hat zwei Probleme

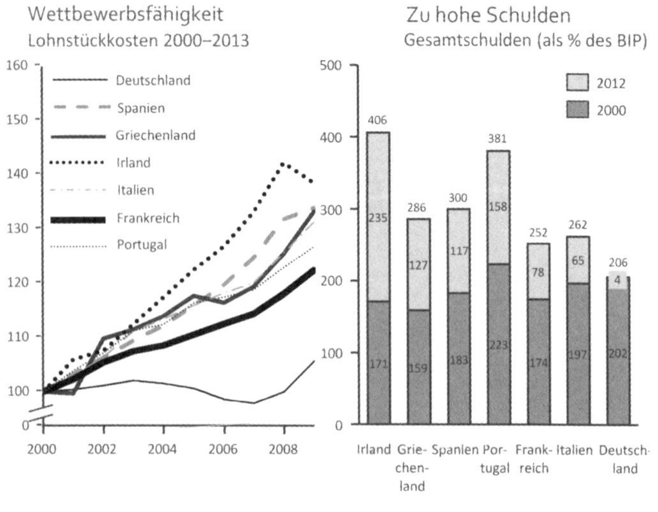

Quellen: Eurostat, Ameco-Datenbank, Europäische Kommission, bto-Analyse

➔ Die Eurozone sieht sich zwei grundlegenden Problemen gegenüber.

➔ Das erste Problem: Die Wettbewerbsfähigkeit der Krisenländer hat bedingt durch die deutlichen Lohnsteigerungen seit 2000 gelitten. Früher wäre eine Anpassung über eine Abwertung der Währung (Lire, Franc ...) erfolgt. Heute geht es nur über »interne Abwertung«, also niedrigere Löhne.

➔ Das zweite Problem: Der Schuldenstand ist immer noch zu hoch.

47. Erste Fortschritte bei den Lohnkosten

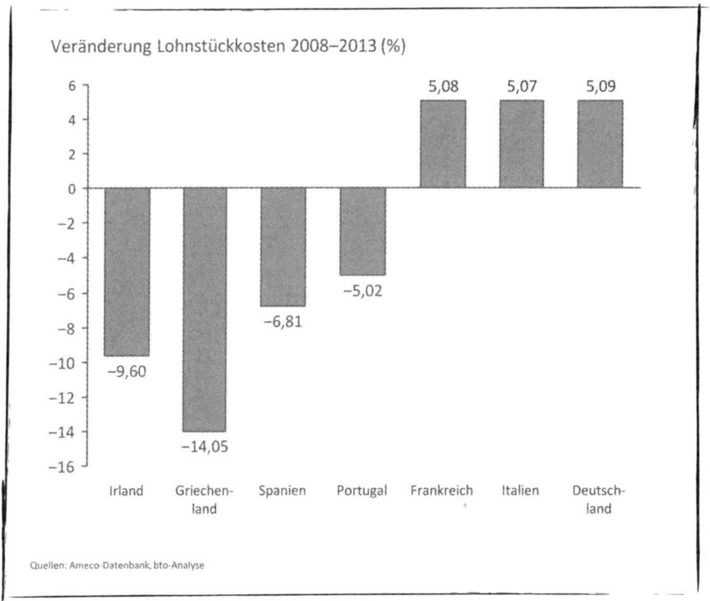

- Seit 2009 hat ein Anpassungsprozess bei den Lohnkosten begonnen. Dieser ist bedingt durch hohe Arbeitslosigkeit und eine Strukturverschiebung. Der Bausektor ist in den Krisenländern geschrumpft, was statistisch dazu führt, dass die Lohnstückkosten sinken, weil der Anteil produktiverer Sektoren zunimmt.

- Besondere Fortschritte haben Irland, Griechenland, Spanien und Portugal gemacht.

- Problematisch: Die Lohnkosten in Frankreich und Italien steigen ungebremst weiter.

- Deutschland verzeichnet nach Jahren der Stagnation wieder Lohnzuwächse.

48. Erste Fortschritte im Außenhandel

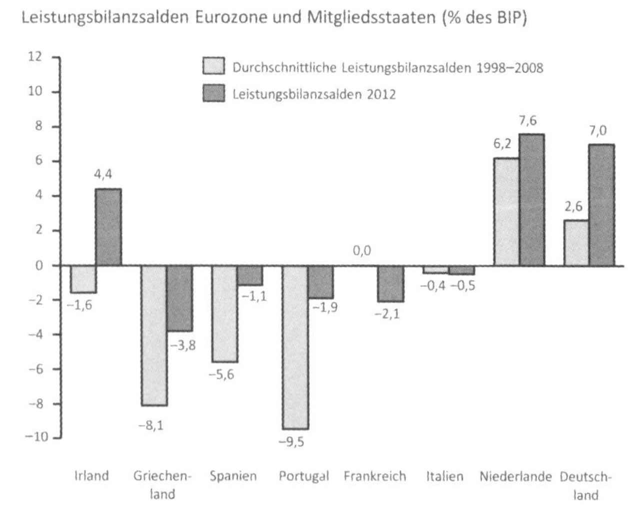

Quellen: Europäische Kommission: *European Economic Forecast*, Autumn 2013; Eurostat, bto-Analyse

- Die ersten Erfolge zeigen sich in den Leistungsbilanzsalden.
- Alle Länder außer Frankreich konnten gegen Ende 2013 Überschüsse erzielen.
- Damit weist die Eurozone als Ganzes einen Überschuss auf, was zu Spannungen mit anderen Ländern (USA, UK) führen wird. Auch diese streben Überschüsse an.
- Selbst bei Fortsetzung dieses Trends wird es Jahrzehnte dauern, bis die Krisenländer die bestehenden Auslandsschulden abgebaut haben.

49. Noch ein langer Weg

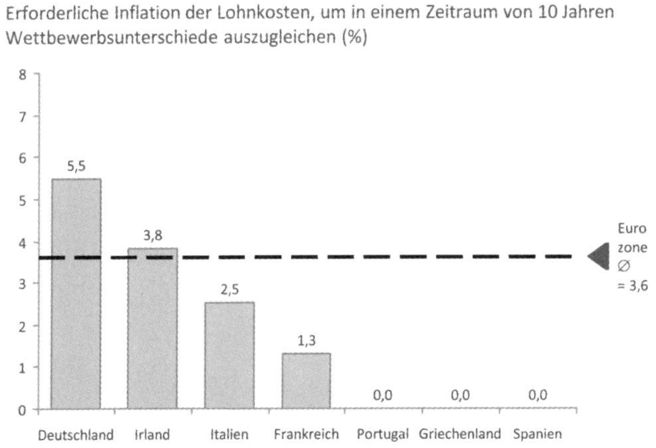

Quellen: Thomson Reuters Datastream (Eurostat), CesIfo Working Paper No 4086, Goldman Sachs: *European Economic Analyst* No 3/2013; bto-Analyse

→ Die Lohnsteigerungsraten müssten sehr unterschiedlich sein, damit über einen Zeitraum von 10 Jahren die Wettbewerbsunterschiede in der Eurozone abgebaut werden.

→ Deutschland müsste rein rechnerisch jedes Jahr 5,5 Prozent Inflation haben, Portugal, Griechenland und Spanien dagegen gar keine.

→ Historisch hat Deutschland jedoch immer die niedrigsten Inflationsraten gehabt.

50. Billig alleine genügt nicht

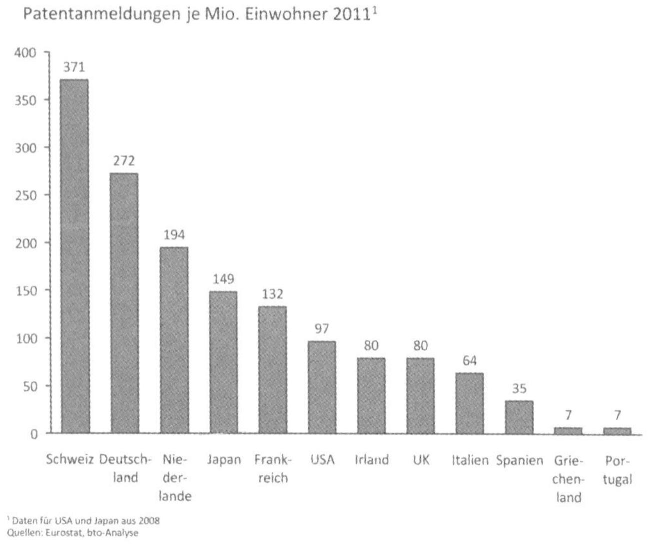

- Wettbewerbsfähigkeit entsteht nicht allein aus niedrigen Kosten – gerade in einer zunehmend globalisierten Welt.

- Wenn man nur über Kosten in den Wettbewerb tritt, wird es zunehmend schwer. Man braucht Innovationen. Patente sind ein Indikator.

- Beispiel: Die Abwertung der Türkischen Lira im Frühjahr 2014 macht Griechenland sofort weniger wettbewerbsfähig im Tourismus.

- Auf Dauer kann Europa höhere Löhne, im Vergleich zu den Ländern Asiens und Afrikas, nur mit besseren Produkten verteidigen. Italien, Spanien, Portugal und Griechenland sind besonders gefährdet.

Was tun bei zu viel Schulden?

1

Sparen und zurückzahlen?

Quelle: bto-Analyse; Foto: iStock

-> Welche Optionen hat die Eurozone, mit den Herausforderungen von auseinanderlaufender Wettbewerbsfähigkeit und hohen Schuldenlasten umzugehen?

-> Option 1 ist sparen und zurückzahlen. Wie jeder Privathaushalt oder jedes Unternehmen können wir versuchen, den Gürtel enger zu schnallen – oder?

51. Sparen verstärkt die Krise

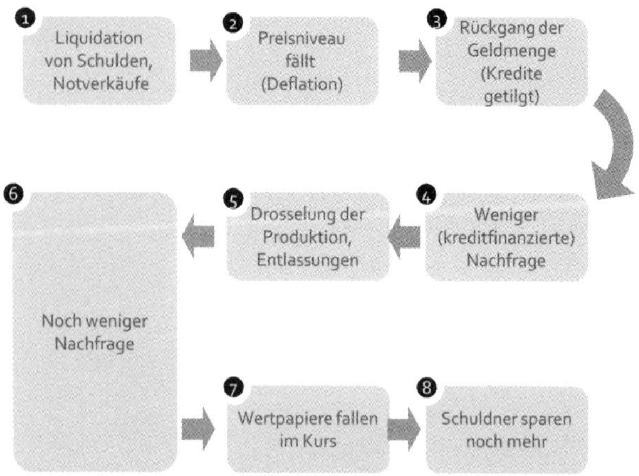

Quellen: Irving Fisher, *Debt Deflation Theory of Great Depressions*, 1933; bto-Analyse

→ Bereits in den 1930er-Jahren hat der Yale-Professor Irving Fisher die Zusammenhänge zwischen Rezession, Schulden und Deflation herausgearbeitet.

→ Der Versuch der Schuldner, die Schulden abzubauen, führt zu einem Preisverfall von Vermögensgegenständen und zu einer Rezession. Denn wenn Vermögensgegenstände verkauft werden und weniger neue Nachfrage hinzu kommt, gibt es mehr Verkäufer als Käufer. Daraus folgt: Die Preise sinken. Infolge der Rezession sinken die Einkommen, was wiederum die Bedienung der Schulden erschwert. Ein Teufelskreis.

→ Das Gleiche gilt heute: Je mehr versucht wird, aus den Schulden heraus zu sparen, desto höher ist letztlich die Schuldenlast (Schulden/BIP).

52. Beispiel: Italien

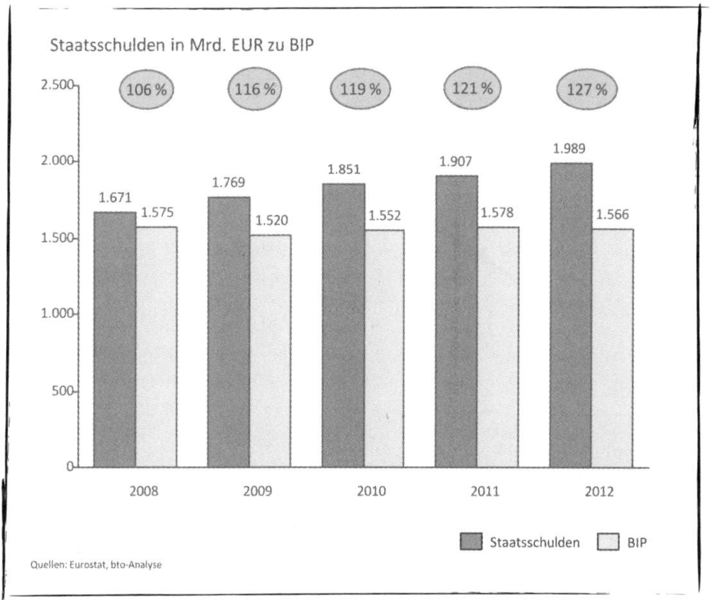

→ Italien ist ein Beispiel für die Wirkung von staatlichem Sparen auf das Wachstum der Wirtschaft.

→ Seit Jahren weist der italienische Staatshaushalt einen Überschuss vor Zinszahlungen auf. Ein Teil der Zinsen wird also wirklich aus Steuermitteln bezahlt.

→ Zugleich stagniert die Wirtschaft (auch aus anderen Gründen, vor allem wegen der Verkrustungen am Arbeitsmarkt).

→ Folge: Die Schuldenquote wächst ungebremst an.

→ Dies zeigt, wie wichtig wirtschaftliches Wachstum ist, um Schulden unter Kontrolle zu bringen.

53. Beispiel: Griechenland

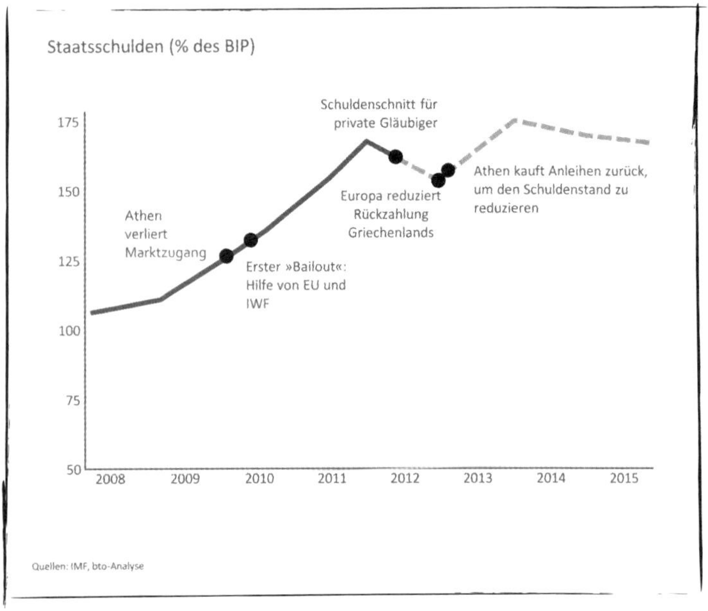

→ Griechenland versucht seit Jahren, die Staatsschulden in den Griff zu bekommen.

→ Trotz Hilfe durch andere Staaten und Schuldenschnitt für private Gläubiger gelingt das nicht.

→ Die Wirtschaft schrumpft immer schneller (siehe Bild 41).

54. Weit vom Sparziel entfernt

Erforderlicher Überschuss, um zu einem Schuldenstand von 60 % des BIP zu kommen

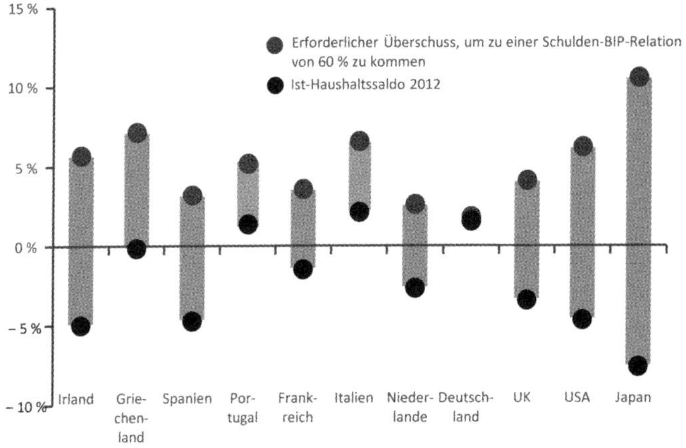

Anmerkung: Simulierung der benötigten fiskalischen Anpassung zwischen 2012 und 2020 – nachhaltig bis 2030 –, um die Schuldenquote auf 60 % des BIP zu bringen.

Quellen: IMF Fiscal Monitor April 2012, bto-Analyse

→ Der Internationale Währungsfonds (IWF) hat ausgerechnet, wie viel die Staaten sparen müssten, um wieder zu nachhaltigen Staatsfinanzen – 60 Prozent des BIP – zu kommen.

→ Beispiel Irland: Soll wäre ein Überschuss von 6 Prozent des BIP. Stattdessen liegt das Land bei einem Defizit von 5 Prozent.

→ Nur in Deutschland liegen Soll und Ist nahe beieinander.

55. Nebenwirkungen der Sparpolitik

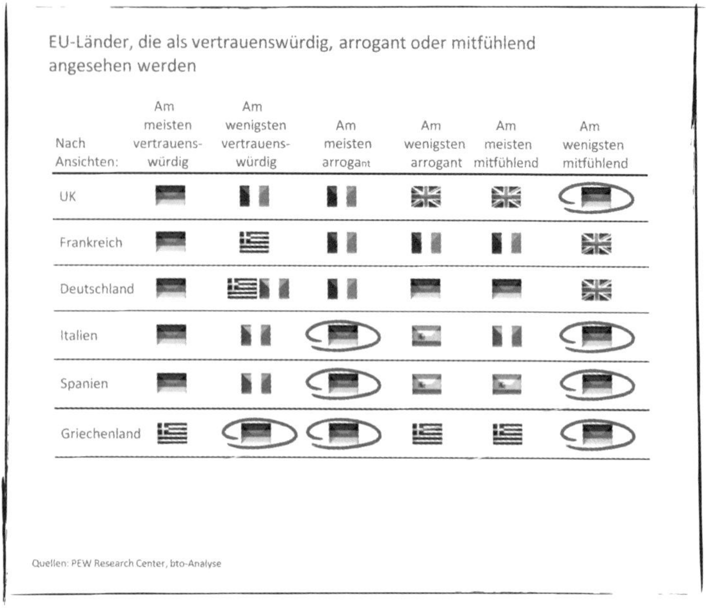

→ Die Sparpolitik wird von den Bevölkerungen der Krisenländer bis jetzt weitgehend akzeptiert.

→ Die Schuld wird aber zunehmend nicht mehr im eigenen Tun gesehen, sondern bei der mangelnden Solidarität der Kreditgeber – allen voran Deutschland.

→ Dieser Umstand birgt erhebliche politische Risiken.

Was tun bei zu viel Schulden?

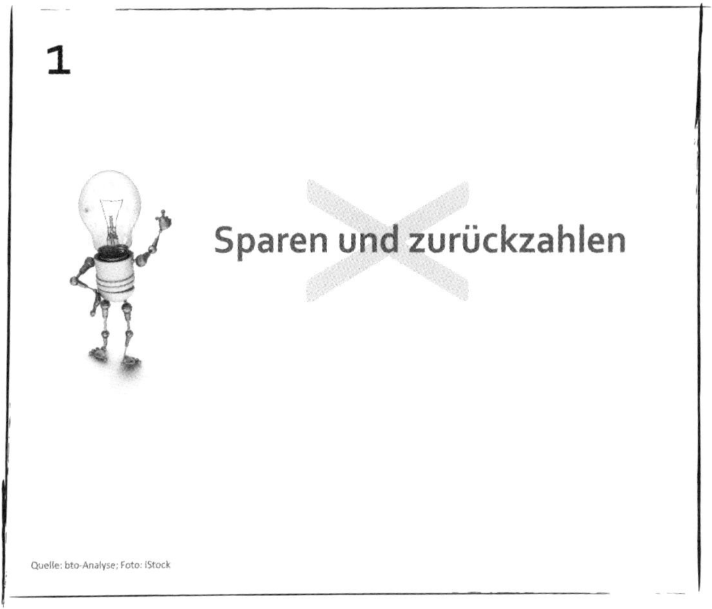

Fazit:

- → Es wird nicht möglich sein, die Schuldenproblematik durch Sparen zu lösen.
- → Was für einzelne Haushalte und Unternehmen gilt, gilt nicht für ganze Länder, schon gar nicht, wenn diese in einem festen Wechselkurssystem – wie dem Euro – gefangen sind.
- → Der Versuch zu sparen, vergrößert die Schuldenlast weiter.
- → Die scheinbare Option 1, sparen, ist also keine Option.

Was tun bei zu viel Schulden?

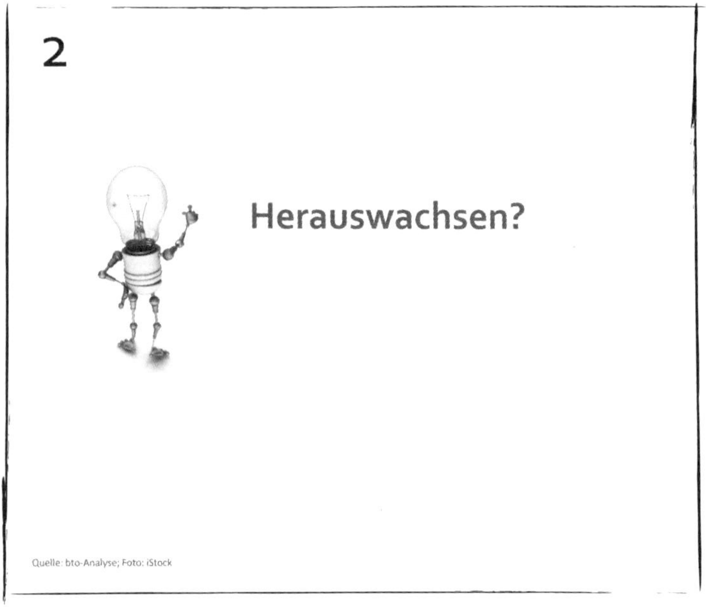

→ Option 2: Aus den Schulden herauswachsen.

→ Zweifelsohne die schönere Option: Durch höheres Wirtschaftswachstum die Schuldenlast relativ zum Einkommen senken. Schauen wir uns diese Option auf den nächsten Seiten etwas genauer an.

56. Hohe Staatsschulden – wenig Wachstum

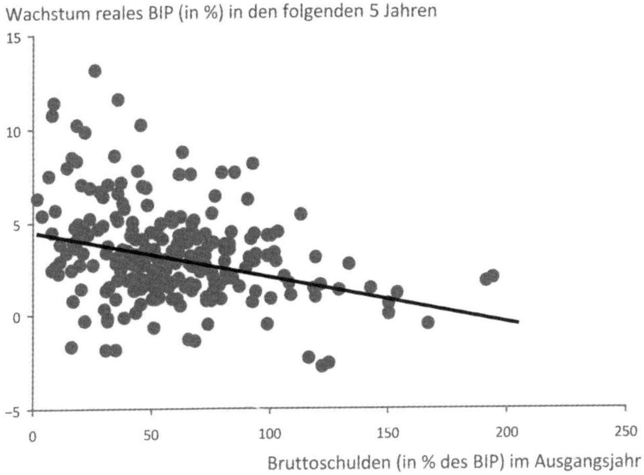

Quellen: IMF Working Paper 10/174: »Debt and Growth« (2010); bto-Analyse

→ Eine hohe Staatsverschuldung wirkt sich negativ auf das Wirtschaftswachstum aus.

→ Das ist nicht verwunderlich. Eine steigende Verschuldung wirkt positiv auf das Wirtschaftswachstum (siehe Bild 1). Kann man nicht mehr Schulden machen, fällt diese Wirkung weg. Muss man gar sparen, ergibt sich eine negative Wirkung.

→ Problem: Die meisten Staaten der westlichen Welt weisen heute hohe Schuldenstände auf. Dies wirkt wachstumshemmend.

57. Hohe Privatschulden – wenig Wachstum

Verschuldung 2012 (% des BIP)

	Irland	Griechenland	Spanien	Portugal	Frankreich	Italien	Niederlande	Deutschland	UK	USA	Japan
Staat	117 %	157 %	86 %	124 %	90 %	127 %	71 %	81 %	89 %	101 %	203 %
Haushalte	106 %	64 %	81 %	91 %	57 %	45 %	128 %	58 %	94 %	80 %	66 %
Nichtfinanzunternehmen	182 %	65 %	133 %	166 %	105 %	90 %	93 %	66 %	93 %	78 %	102 %

> 90 %

≤ 90 %

Quellen: Europäische Zentralbank, Eurostat, Federal Reserve, U.S. Bureau of Economic Analysis (BEA), Bank of Japan, OECD, bto-Analyse

→ Doch nicht nur hohe Staatsschulden wirken sich negativ auf das Wirtschaftswachstum aus.

→ Laut einer Studie der Bank für Internationalen Zahlungsausgleich (BIZ) gilt das auch für Schulden von Privathaushalten und Nichtfinanzunternehmen.

→ Sobald die Verschuldung über 90 Prozent des BIP liegt, tritt dieser Negativeffekt ein.

→ Die Abbildung zeigt, wo die einzelnen Länder stehen. Die Schulden sind überall auf einem sehr hohen Niveau.

58. Weniger Menschen – weniger Wachstum

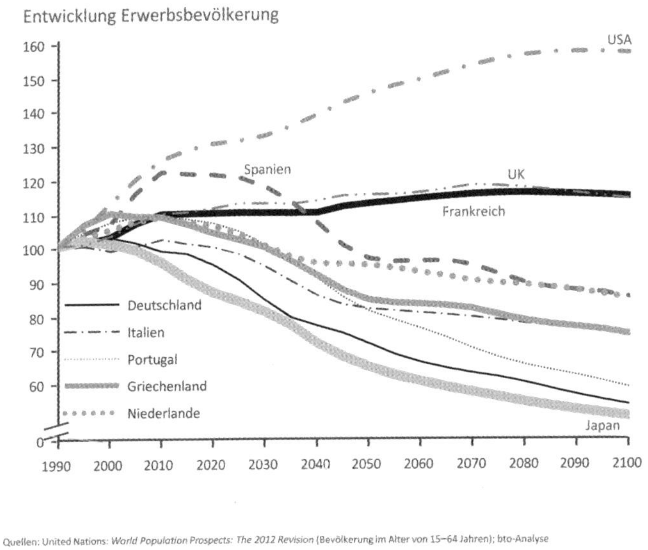

→ Wachstumshemmend wirkt auch die demografische Entwicklung.

→ In Europa wird die Erwerbsbevölkerung in den nächsten Jahrzehnten deutlich schrumpfen.

→ Neben der Produktivität ist das Wachstum der Erwerbsbevölkerung ursächlich für das Trendwachstum einer Volkswirtschaft.

→ So stagniert das japanische BIP seit Jahren. Das BIP pro Kopf wächst dabei, aber die Anzahl der Köpfe sinkt.

59. Dramatische Überalterung

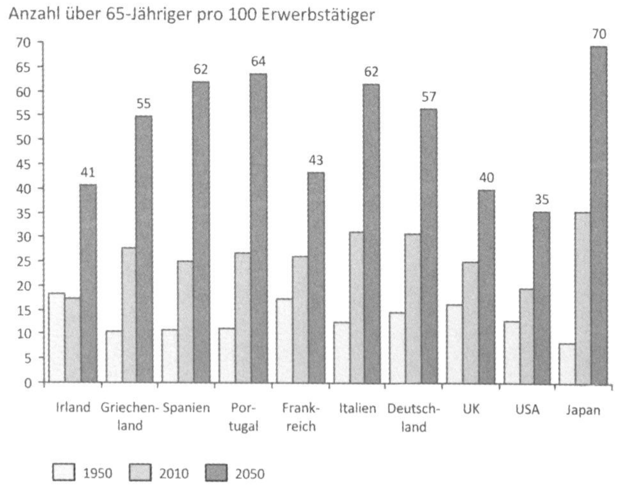

Quellen: United Nations: *World Population Prospects: The 2010 Revision*; bto-Analyse

→ Das eine ist der Rückgang der Erwerbsbevölkerung. Das andere ist die große Anzahl Rentner, die von dieser immer kleineren Erwerbsbevölkerung ernährt werden muss.

→ In keinem Land wird ausreichend für die Kosten einer alternden Gesellschaft vorgesorgt.

60. Ungedeckte Versprechen

Staatsschulden 2009 (% des BIP)

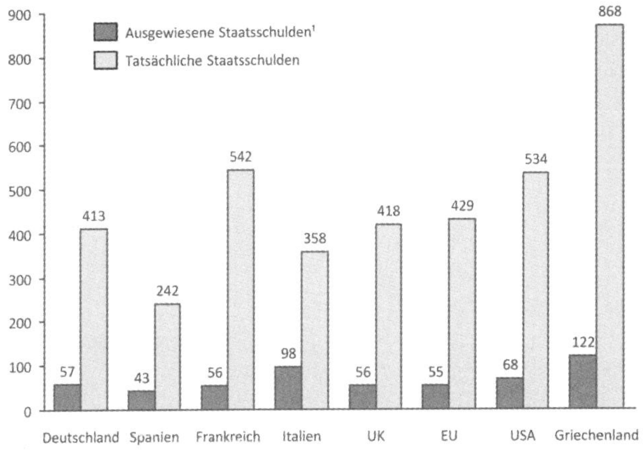

[1]Die Studie verwendet eine Nettodefinition der Staatschulden. Deshalb sind die Zahlen mit den sonst in diesem Buch verwendeten nicht vergleichbar.
Quellen: Jagadeesh Gokhale: *Measuring the Unfunded Obligations of European Countries*, 2009; bto-Analyse

- Bereits im Jahr 2009 lag die tatsächliche Staatsverschuldung deutlich über der offiziell ausgewiesenen.
- Die tatsächliche Staatsverschuldung beinhaltet die Versprechen des Staates für die Zukunft: Renten, Pensionen und Gesundheitsleistungen für uns alle.
- Problem: Für diese Versprechen wurde viel zu wenig zurückgelegt.
- Würden Staaten wie Unternehmen bilanzieren, würde man diese Schulden sehen.
- Eines ist klar: Die Versprechen sind unerfüllbar.
- Übrigens: Die Rentengeschenke der neuen Regierung in Deutschland sind noch nicht enthalten (160 Milliarden Euro).

61. Abnehmendes Produktivitätswachstum

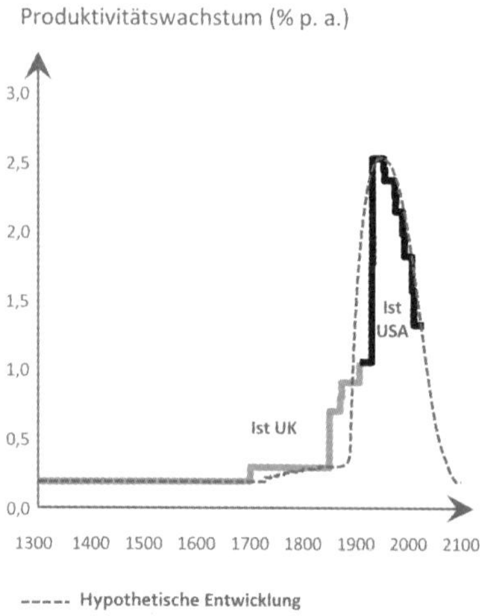

Gründe für weniger Produktivitätswachstum:

- Innovation wirkt weniger auf Produktivität
- Ausbildungsniveau im Westen immer schlechter (PISA!)
- Druck auf Lohnkosten durch globalen Wettbewerb
- Kosten für Umweltschutz und Energieeinsparung
- Unzureichende private und öffentliche Investitionen
- Immer größere Einkommensunterschiede

Quellen: Robert Gordon: »Is U.S. economic growth over? Faltering innovation confronts the six headwinds«, NBER Working Paper 18315, http://www.nber.org/papers/w18315; bto-Analyse

→ Neben der Erwerbsbevölkerung ist die Produktivität pro Kopf (BIP/Kopf) entscheidend für das wirtschaftliche Wachstum.

→ Mit der industriellen Revolution gab es mehr als 200 Jahre steigende Produktivität. Seit einigen Jahren nimmt das Wachstum ab, und es gibt Beobachter, wie Prof. Gordon von der Northwestern University im US-Bundesstaat Illinois, die eine Fortsetzung dieses Trends erwarten. Die Gründe sind oben genannt.

→ Im Jahr 2013 ist die Produktivität der Weltwirtschaft zum ersten Mal seit Jahren gefallen. Besonders stark ging sie in den westlichen Industrienationen zurück.

→ Dies erhöht das Risiko geringer Wachstumsraten in der Zukunft.

Was tun bei zu viel Schulden?

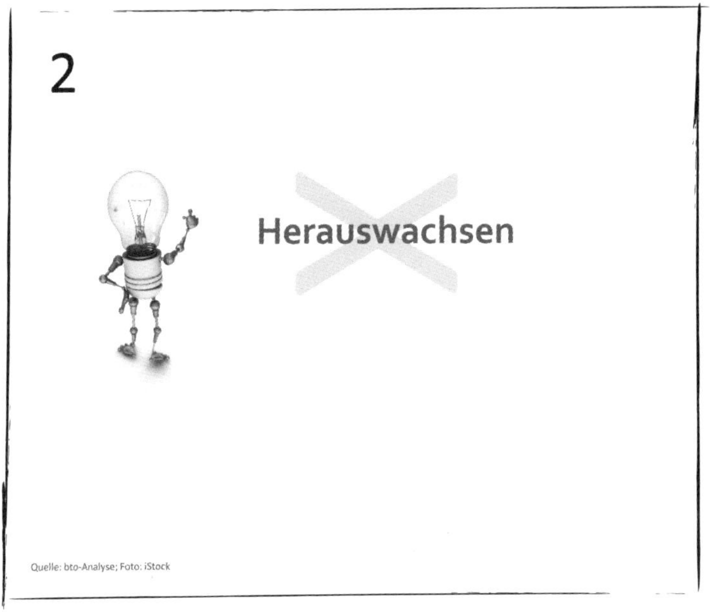

Quelle: bto-Analyse; Foto: iStock

Fazit:

→ So schön es auch wäre: Wir werden aus der Schuldenlast nicht herauswachsen können. Dagegen sprechen Demografie, abnehmendes Produktivitätswachstum und hohe Schulden.

3

Schulden restrukturieren?

→ Führt uns zu Option 3: die Schulden »restrukturieren«.

→ Damit ist gemeint: Sie werden nicht mehr voll bezahlt. Das kann auf verschiedenen Wegen erfolgen: Der Schuldner zahlt einfach nicht mehr, macht also Pleite. Oder Gläubiger und Schuldner einigen sich auf eine »Umschuldung«. Dabei werden Schulden erlassen, Tilgungszeiten verlängert und Zinsen gesenkt.

→ Auf jeden Fall verliert der Gläubiger dabei (zum Teil) sein Geld.

62. Das Ziel für Staatsschulden: 60 Prozent

Tragbares Niveau von Staatsschulden (% des BIP)

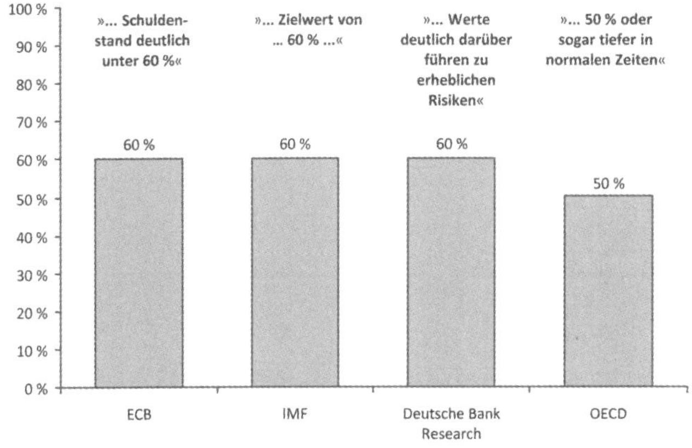

Quellen: OECD: »Fiscal consolidation: How much, how fast and by what means«, April 2012; Monatsbericht der europäischen Zentralbank, April 2012; Deutsche Bank-Recherchen, »Public debt in 2020«, 24 March 2010; IMF: »Fiscal Monitor – Balancing Fiscal Policy Risks«, April 2012; bto-Analyse

→ Es gibt verschiedene Studien zum Thema »Wie hoch dürfen Staatsschulden sein?«.

→ Alle kommen zu Werten von 60 Prozent des BIP oder weniger.

→ Schulden, die über diese 60 Prozent hinausgehen, wären demnach nicht tragbar. Durchaus sinnvoll: Bei einem üblichen Zinsniveau von 5 Prozent kann sich der Staat jedes Jahr die Zinsen leihen. Bei einem Wirtschaftswachstum von 3 Prozent bleibt die Relation Schulden/BIP stabil.

63. 180 Prozent Schulden sind tragbar

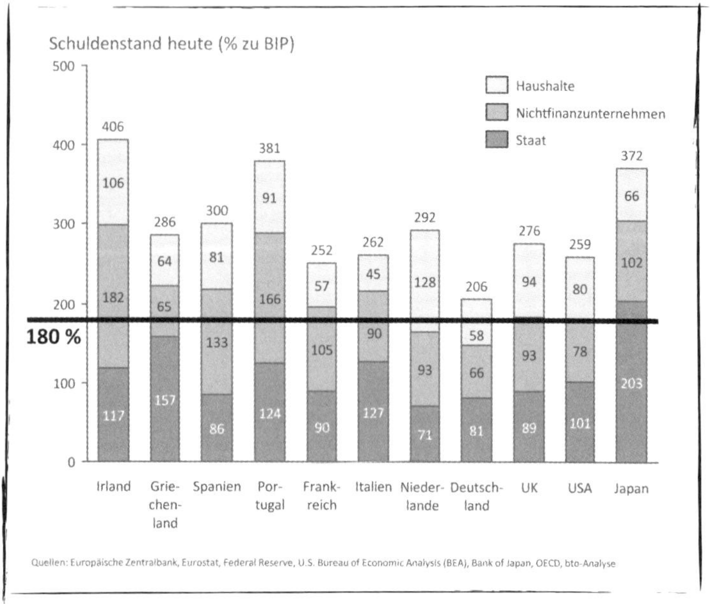

→ Wenn man diesen 60-Prozent-Grenzwert auf Staat, private Haushalte und Unternehmen überträgt, kommt man auf einen Zielwert von 180 Prozent (3 × 60).

64. 3 bis 7 Billionen Euro zu viel Schulden

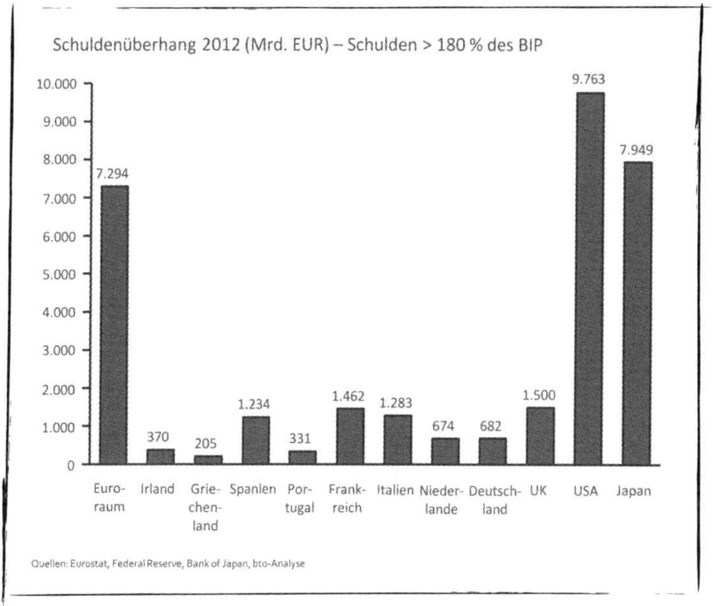

- Legt man den Grenzwert von 180 Prozent zugrunde, beträgt der Schuldenüberhang in der Eurozone mehr als 7000 Milliarden Euro.

- Würde man den Grenzwert bei 220 Prozent statt bei 180 Prozent ansetzen, läge der Schuldenüberhang bei 3500 Milliarden Euro.

- Auch die USA, Japan und UK haben einen enormen Schuldenüberhang.

- Zur Erinnerung: Die ungedeckten Versprechen der Staaten (siehe Bild 60) sind in diesen Zahlen NICHT enthalten.

65. Einmalige Vermögensabgabe

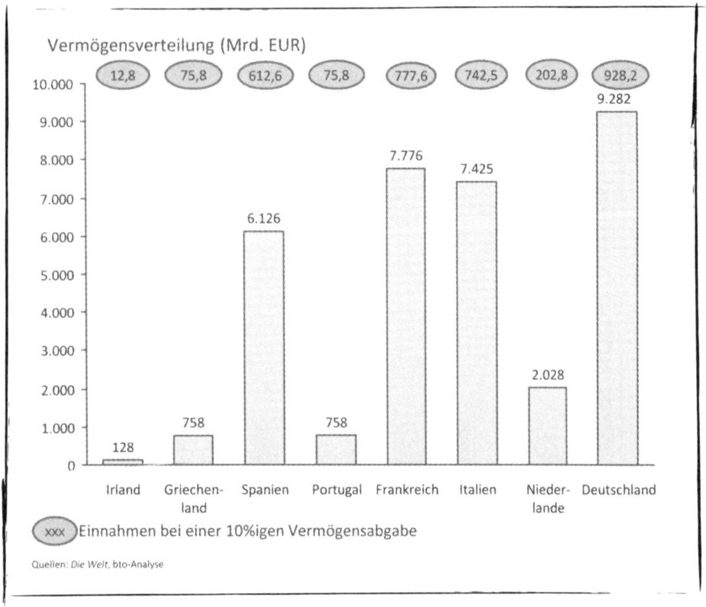

-> In der Eurozone wird das private Vermögen auf 39 Billionen Euro geschätzt.

-> Im Herbst 2013 brachte der Internationale Währungsfonds die Idee auf, eine einmalige Vermögensabgabe zur Lösung der Schuldenprobleme zu erheben.

-> Im Januar 2014 schloss sich die Bundesbank dieser Forderung an, allerdings nur mit Blick auf die Krisenländer.

-> Eine Steuer von 10 Prozent würde rund 3,9 Billionen Euro ergeben – ungefähr die Größenordnung, die für eine Stabilisierung der Schulden erforderlich wäre, wenn man 220 Prozent als Zielwert anlegt.

66. Mit 10 Prozent wäre es nicht getan

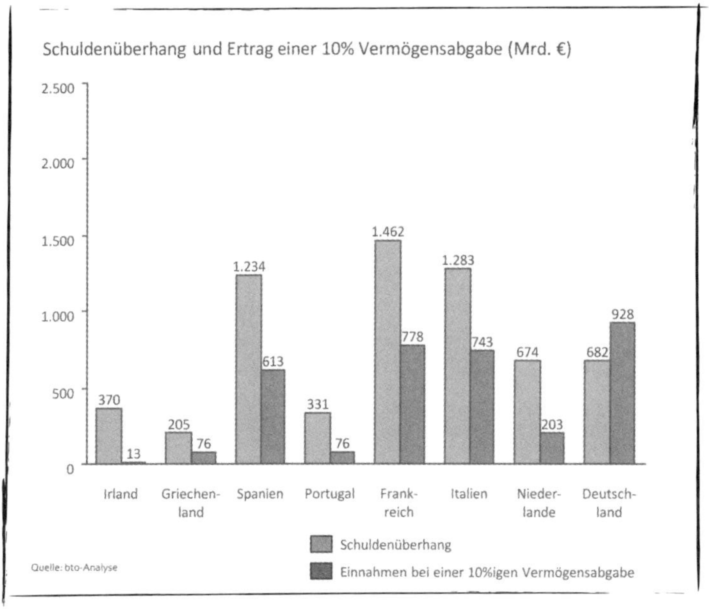

→ Hier vergleichen wir den Schuldenüberhang mit den Erlösen einer 10-Prozent-Vermögensabgabe.

→ Offensichtlich würde in Deutschland eine 10-Prozent-Abgabe den Schuldenüberhang (der ohnehin fast nur vom Staat verursacht ist) bereinigen.

→ In den anderen Ländern würden 10 Prozent nicht genügen.

→ Deshalb ist davon auszugehen, dass es zu einer Umverteilung innerhalb Europas kommen wird.

67. Solidarität wäre teuer

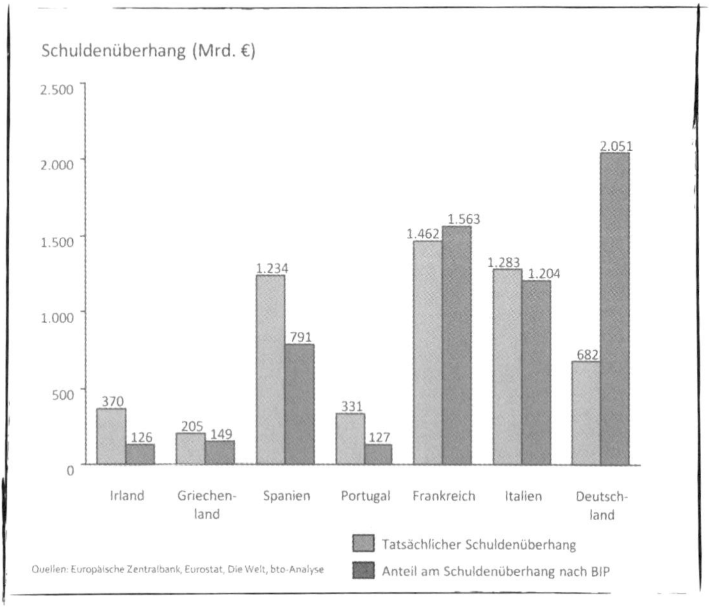

-> Wenn die Eurozone den Schuldenüberhang gemeinsam abbaut, wird es zu einer Mehrbelastung der relativ »stärkeren« Länder kommen.

-> Die Abbildung zeigt als Beispiel die Verteilung des Schuldenüberhangs nach Wirtschaftskraft (BIP).

-> Folge: Deutschland würden deutlich höhere Lasten treffen.

-> Die politische Diskussion in Brüssel geht in diese Richtung. Wie viel Solidarität Deutschland dabei an den Tag legen muss, wird sich zeigen.

-> Ohne eine Umverteilung wird es zu Pleiten in einigen Ländern kommen. Der deutsche Steuerzahler würde dann indirekt getroffen, nämlich durch weitere Bankenrettung.

68. Pleiten sind die Regel!

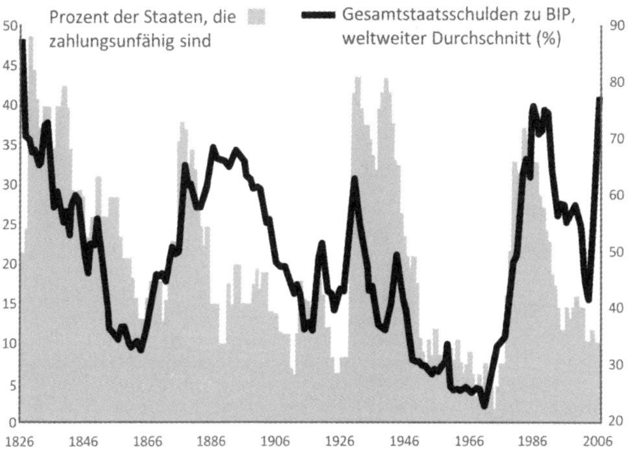

Quellen: Reinhart und Rogoff, 2011; bto-Analyse

- Die Wirtschaftswissenschaftlerin Carmen Reinhart und der Harvard-Professor Kenneth S. Rogoff haben Staatsfinanzen und Staatspleiten seit dem Jahr 1800 untersucht.
- Ergebnis: Pleiten sind nicht die Ausnahme, sondern die Regel.
- Und sie gehen mit hohen Schulden einher.
- Kein Wunder, dass die renommierten Ökonomen im Dezember 2013 in einer neuen Studie für den IWF die Eurozone zur »Schuldenrestrukturierung« auffordern.
- Nur so ließe sich der Teufelskreis aus Schulden und Rezession durchbrechen.

69. In Zypern wurde es probiert

16. März 2013	Zypern stimmt einem Bailout in Höhe von 10 Milliarden Euro zu, um die Banken zu rekapitalisieren. Sparer werden bis zu 10 Prozent ihrer Ersparnisse verlieren.
17. März 2013	Die Regierung in Zypern verschiebt eine parlamentarische Krisensitzung.
18. März 2013	Zypriotische Politiker arbeiten daran, die Abgaben für Kleinanleger auf 3 Prozent oder weniger zu begrenzen.
19. März 2013	Zypriotische Politiker lehnen die Bailoutbedingungen ab und wenden sich an Russland.
20. März 2013	Die Regierung arbeitet an einem Plan B; der Finanzminister bittet Russland um weitere 5 Milliarden Euro.
21. März 2013	Die EZB erhöht den Druck auf Zypern und droht, den Rettungsschirm spätestens am 25. März zurückzunehmen.
22. März 2013	Zypern verabschiedet ein neues Gesetz, das eine Trennung zwischen »guten« und »schlechten« Banken erlaubt. Ein »Solidaritätsfonds« und Kapitalverkehrskontrollen werden etabliert.
23. März 2013	Diskussionen über eine Abgabe von 20 Prozent auf Sparsummen von mehr als 100.000 Euro bei der Bank of Cyprus.
24. März 2013	Die zwei größten zypriotischen Banken begrenzen die Summe, die Sparer pro Tag abheben dürfen, auf 100 Euro.
25. März 2013	In letzter Sekunde wird ein Abkommen über ein Bailout in Höhe von 10 Milliarden Euro vereinbart. Viele Einleger verlieren ihre Einlagen, die 100.000 Euro überschreiten.

Quellen: *The Telegraph*, bto-Analyse

→ Die Abbildung zeigt den Ablauf der »Rettung« von Zypern.

→ Hier erfolgte eine Beteiligung der privaten Bankgläubiger an den Kosten.

→ Ungerecht war, dass die Banken in Zypern zwar geschlossen wurden, die Filialen in London aber geöffnet blieben. So konnte dort noch Geld abgehoben werden.

→ Außerdem wurden nur Bankguthaben herangezogen. Andere Vermögen blieben unbehelligt.

Was tun bei zu viel Schulden?

Fazit:

- Schuldenrestrukturierung ist eine Option, die nicht selten vorkommt.
- Eine Finanzierung über Vermögensabgaben wäre teilweise denkbar, erfordert aber eine europäische Umverteilung.
- Die Schuldner werden argumentieren, dass es ohne Gläubigerbeteiligung nicht gehen wird. Zudem habe Deutschland über die Exporte letztlich von den Schulden profitiert.

Was tun bei zu viel Schulden?

4

Inflation als Lösung?

Quelle: bto-Analyse; Foto: iStock

→ Führt uns zu Option 4: Inflation.

→ In der Geschichte wäre es nicht das erste Mal, dass der Staat Schulden durch Inflation entwertet.

→ Berühmte Beispiele sind die USA und UK nach dem 2. Weltkrieg. Jahrelange Inflation führte zu deutlich tieferen Schuldenständen.

→ Ginge das auch heute?

70. Inflation als Lösung?

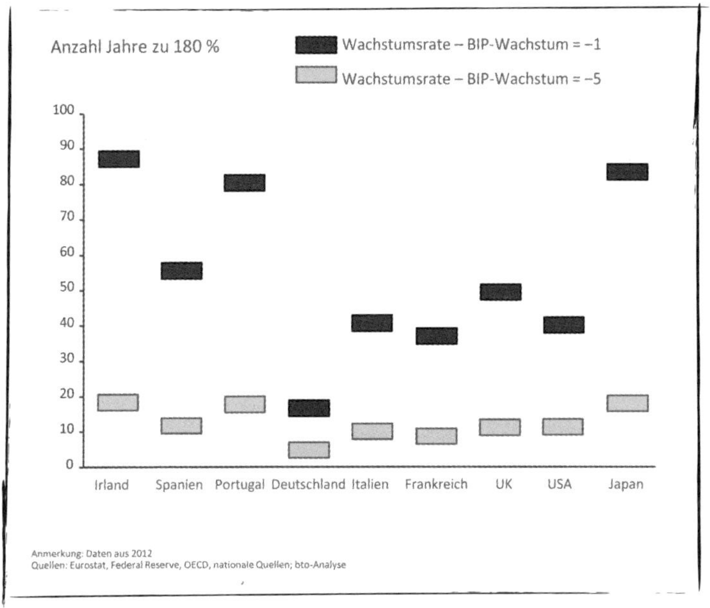

→ Statt von Inflation spricht man heute lieber von »finanzieller Repression«. Damit ist gemeint, dass die Nominalzinsen unter das Nominalwachstum der Volkswirtschaft gedrückt werden. Dies würde über Zeit das Verhältnis Schulden/BIP verbessern. Im Klartext: Man versucht den Nenner (BIP) schneller wachsen zu lassen als den Zähler (Schulden).

→ Die Abbildung zeigt zwei Simulationen: einmal mit einer Repression von 1 Prozent, einmal mit 5 Prozent. Ein Prozent bedeutet zum Beispiel: 1 Prozent Zins und 2 Prozent Wirtschafswachstum, 5 Prozent bedeutet 1 Prozent Zins und 6 Prozent Wirtschaftswachstum. Es würde je nach Grad der Repression zwischen 5 und 85 Jahre dauern, bis die Länder bei einem nachhaltigen Schuldenniveau von 180 Prozent angekommen sind. Zur Zeit gelingt es nur den USA, UK, Frankreich und Deutschland, finanzielle Repression zu erzielen. In allen anderen Ländern liegt das Wachstum unter dem effektiven Nominalzins der Volkswirtschaft.

71. Inflation ist schwer zu erzeugen

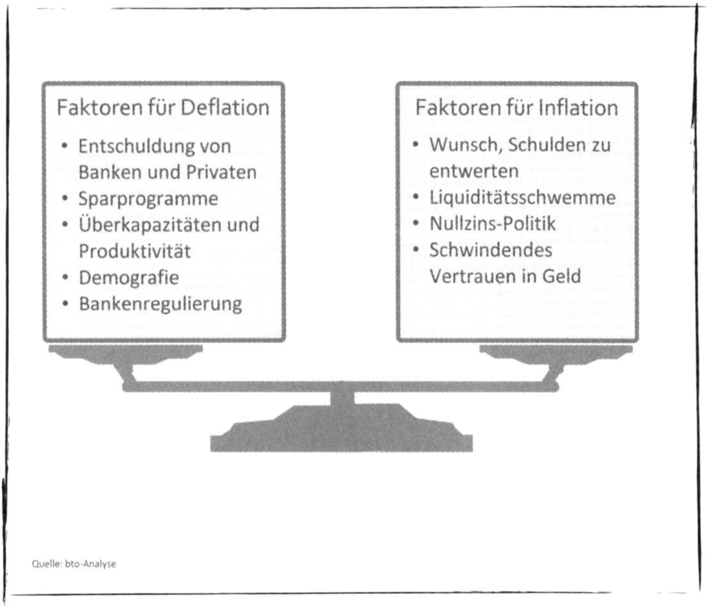

Faktoren für Deflation
• Entschuldung von Banken und Privaten
• Sparprogramme
• Überkapazitäten und Produktivität
• Demografie
• Bankenregulierung
Faktoren für Inflation
• Wunsch, Schulden zu entwerten
• Liquiditätsschwemme
• Nullzins-Politik
• Schwindendes Vertrauen in Geld
Quelle: bto-Analyse

→ Inflation ist in einem Umfeld der Entschuldung nur sehr schwer zu erzielen.

→ Dies zeigt sich auch daran, dass trotz aller Bemühungen der Zentralbanken die Kredite nur noch gering wachsen oder schrumpfen.

→ Zum einen haben Unternehmen und private Haushalte schon genug Schulden, zum anderen scheuen die Banken das Risiko weiterer Kredite.

→ Bis jetzt halten sich das »inflationäre« Geldangebot der Zentralbanken (noch ohne die Europäische Zentralbank) und der »deflationäre« Druck der Entschuldung die Waage.

72. Ohne Kreditwachstum keine Inflation

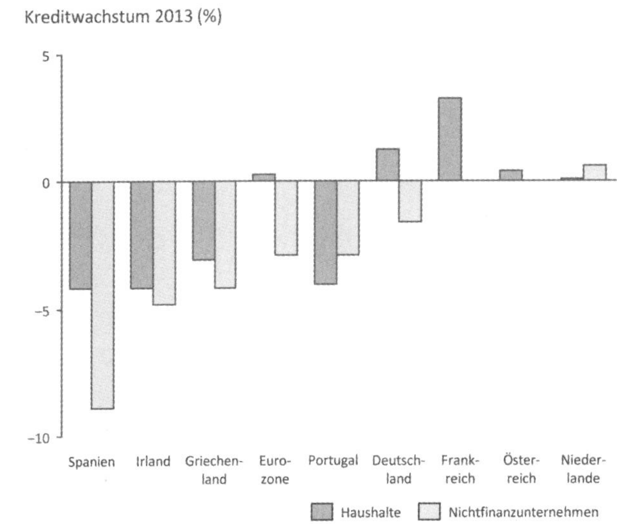

Quellen: Europäische Zentralbank, Zahlen bis 10/2013; bto-Analyse

→ Inflation setzt wachsende Kreditvolumen voraus.

→ In den meisten Ländern der Eurozone schrumpft das Volumen ausstehender Kredite. Nicht verwunderlich: Unternehmen und Private versuchen sich zu entschulden, und die Banken können angesichts dünner Kapitaldecken nur noch wenig neue Kredite vergeben. Die Dynamik haben wir in Bild 51 gezeigt.

→ Sollte die Europäische Zentralbank (EZB), so wie die US-Notenbank, direkt Wertpapiere kaufen, besteht nur dann Inflationsgefahr, wenn auch die Kredite wachsen.

73. Ruf nach radikalen Maßnahmen

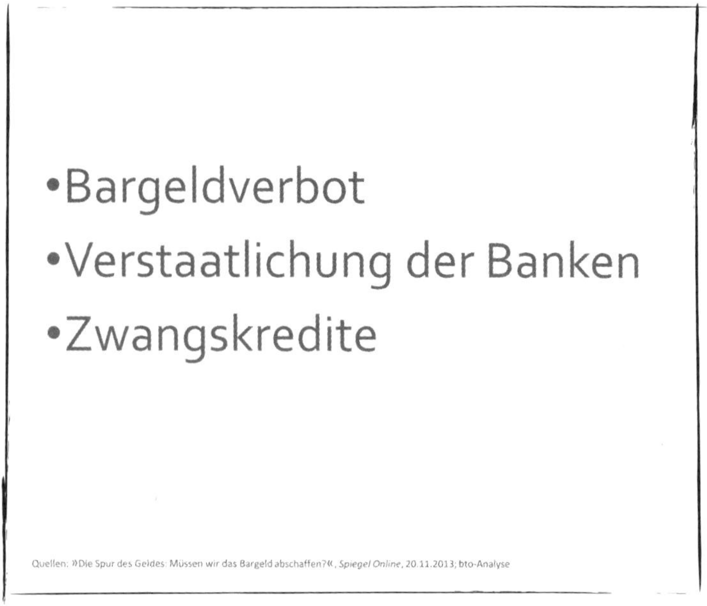
•Bargeldverbot
•Verstaatlichung der Banken
•Zwangskredite
Quellen: »Die Spur des Geldes: Müssen wir das Bargeld abschaffen?«, *Spiegel Online*, 20.11.2013; bto-Analyse

→ Angesichts der Wirkungslosigkeit der Geldpolitik, die zwar eine Stabilisierung der Wirtschaft in der Finanzkrise bewirkt hat, aber keinen Aufschwung erzeugen kann, mehren sich die Forderungen nach radikalen Maßnahmen.

→ In der Abbildung als Beispiel die zentralen Forderungen in einem Kommentar von Wolfgang Münchau auf *Spiegel Online*.

→ Durch Bargeldverbot kann man negative Zinsen durchsetzen, eine »Steuer« auf das Sparen von Geld. Damit will man die Menschen ermuntern, ihr Geld auszugeben.

→ Durch verstaatlichte Banken kann man Kredit beliebig vergeben.

→ Zwangskredite an Unternehmen sollen dann die Wirtschaft antreiben.

74. Nicht neu in Krisenzeiten

UNDER EXECUTIVE ORDER OF THE PRESIDENT

Issued April 5, 1933

all persons are required to deliver

ON OR BEFORE MAY 1, 1933

all GOLD COIN, GOLD BULLION, AND GOLD CERTIFICATES now owned by them to a Federal Reserve Bank, branch or agency, or to any member bank of the Federal Reserve System.

Quelle: bto-Analyse

- Ab dem 1. Mai 1933 war privater Goldbesitz in den USA verboten.
- Alle Besitzer von Gold mussten es zu einem festgelegten Preis abliefern.
- Wenig später wurde der offizielle Goldpreis um 69 Prozent angehoben, was faktisch einer Entwertung von Geld entsprach.
- Das Goldverbot wurde erst Ende 1974 wieder aufgehoben.
- Auch in anderen Ländern, inklusive Deutschland, war Goldbesitz in der Geschichte schon mehrmals verboten.

75. Heimlich passiert es

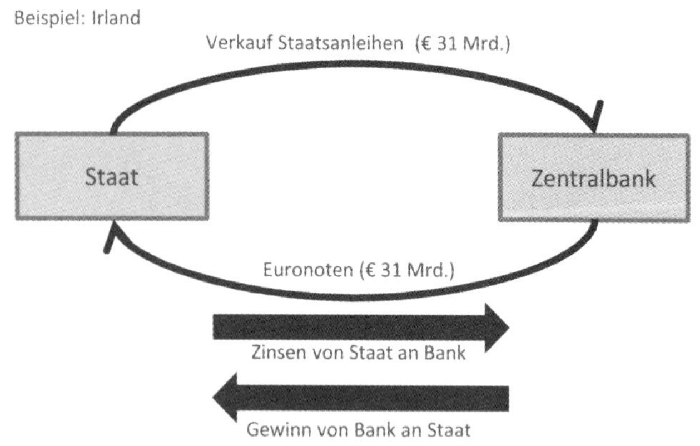

Quellen: Ireland Department of Finance; Karl Whelan (»ELA, Promissory Notes and All That: *The Fiscal Costs of Anglo Irish Bank*«, University College of Dublin Working Paper, September 2012; »Ireland's Promissory Note Deal«, Forbes.com, 11. Februar 2013); *Financial Times*; bto-Analyse

- Irland hat bei Ausbruch der Krise seine Banken »gerettet«.
- Diese Rettung wurde kurzfristig von der irischen Zentralbank zwischenfinanziert.
- Im Jahr 2013 hat Irland das Darlehen durch langfristige Anleihen abgelöst.
- Alle diese Anleihen wurden von der irischen Zentralbank gekauft.
- Die Zinszahlungen des Staates werden umgehend als Gewinnausschüttungen wieder an den Staat zurücküberwiesen.
- Die Notenbank hat folglich den Staat direkt finanziert. Wenn die Notenbanken anfangen, in großem Umfang Staaten zu finanzieren, droht Inflation.

Was tun bei zu viel Schulden?

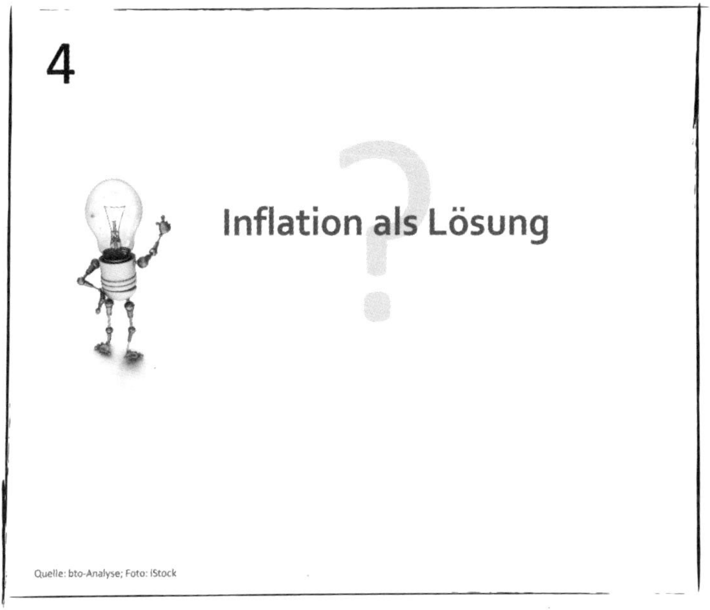
4
Inflation als Lösung
Quelle: bto-Analyse; Foto: iStock

Fazit:

→ Inflation könnte eine Lösung sein, doch ist sie im Umfeld hoher Schulden schwer zu erzeugen. Dazu müsste das Kreditvolumen deutlich wachsen.

→ Denkbar wäre Inflation bei direkter Finanzierung von Staatsausgaben durch die Notenbanken.

Optionen für die Eurozone

1 Sparen und zurückzahlen? X

2 Herauswachsen? X

3 Schulden restrukturieren? ?

4 Inflation als Lösung? ?

Quelle: bto-Analyse; Foto: iStock

→ Mit Blick auf die Optionen wird klar: Es wird keinen schmerzfreien Weg aus der Überschuldung geben.

→ Die Schulden – und damit die Forderungen – müssen reduziert werden.

→ Solange Inflation nicht erreicht wird, stehen Schuldenschnitte und Umverteilung im Raum.

→ Zusätzlich bräuchte Europa ein Wachstumsprogramm durch Arbeitsmarktreformen und Investitionen in Innovation und Infrastruktur.

→ Erst nach der Lösung der Schuldenfrage sollte geprüft werden, welche Länder im Euro eine Chance haben, wettbewerbsfähig zu werden. Zumindest bei Griechenland und Portugal sind Zweifel mehr als berechtigt.

E. Ausblick

Was wird die Politik machen?

»Wenn es ernst wird, muss man lügen.«

Jean-Claude Juncker
Primierminister von Luxemburg und ehemaliger President der Eurogroup

Quellen: *Spiegel Online*, 9. Mai 2011; bto-Analyse; Bild: iStock

- Die Politik hat bisher auf Zeit gespielt.
- Vor allem die EZB hat mit ihren Maßnahmen den Euro stabilisiert.
- Die grundlegenden Probleme der Eurozone (Schulden, Wettbewerbsfähigkeit) wurden noch nicht gelöst.

Was die Politik tun müsste

1. Schuldenberg bereinigen

- *Offizielle Schulden:* Reduktion durch Kombination von Schuldenschnitten, höherer Besteuerung und Inflation
- *Versteckte Schulden:* Abbau durch höheres Rentenalter, niedrigere Renten und effizienteres Gesundheitssystem

2. Wachstum stärken

- *Mobilisierung Arbeitskräftepotenzial:* Längere Lebensarbeitszeit, höhere Erwerbsbeteiligung von Frauen, qualifizierte Zuwanderung
- *Investition in Bildung:* Verbesserung des durchschnittlichen Bildungsniveaus, Förderung der Spitzenforschung, Qualitätssteigerung in der Lehre
- *Investition in Innovation:* Förderung Zukunftstechnologien, Verbesserung Infrastruktur

3. Finanzsystem stabilisieren

- *Kreditwachstum beschränken:* Begrenzung des Schuldenniveaus je Sektor auf 60 Prozent des BIP
- *Geldsystem hinterfragen:* Ist das Zentralbankmonopol gerechtfertigt?

Quelle: bto-Analyse

76. Was tun mit dem Geld?

Strategie	Szenario						
	Langsame Genesung	Deflation	Inflation	Insolvenz einzelner Staaten/ Banken	Vermögens-abgabe	Kapital-verkehrs-kontrollen	Währungs-reform
Cash	+	+++	– –	+++	– –	++	– – –
Anleihen D	+	+++	– – –	+++	– –	+	– – –
Anleihen Peripherie	+	++	– – –	– – –	– –	– –	– – –
Aktien • Qualität	++	++	+++	++	– –	++	+++
• Wachstum	+++	–	+	0	– –	0	+++
Immobilien	+	– –	+++	+++	– –	++	+++
Gold	– –	0	+++	+++	– –	++	+++
Schulden	0	– – –	++	0	0	0	0
Anmerkung	Normalisierung Zinsen, Wachstum	Gefahr: Insolvenzen; auf gute Schuldner achten	Gilt für moderate Inflation; sobald über 10 %, sind Aktien gefährdet	Kein Geld an fragwürdige Adressen. Nicht mehr als 100.000 Euro auf dem Konto	Auswandern einzige Option	i. V. m. Vermögens-abgaben	Vermutlich mit Vermögens-abgaben verbunden

Quelle: bto-Analyse

→ Diese Abbildung zeigt die Wirkung verschiedener wirtschaftlicher Entwicklungen auf einzelne Vermögenswerte.

→ Diese Entwicklungen können im weiteren Verlauf der Krise zum Teil parallel oder auch nacheinander auftreten.

77. Die Krise ...

☐ ... IST VORBEI
☐ ... MACHT PAUSE
☐ ... KOMMT ERST RICHTIG

→ Nun liegen die Fakten auf dem Tisch.

→ Was glauben Sie?

→ Ist die Krise vorbei?

Über den Autor

Dr. Daniel Stelter ist Gründer des auf Strategie und Makroökonomie spezialisierten Diskussionsforums »Beyond the Obvious«. Zuvor war Dr. Stelter von 1990 bis 2013 Unternehmensberater bei der Boston Consulting Group (BCG), zuletzt als Senior Partner und Managing Director, und Mitglied des BCG Executive Committee. Von 2003 bis 2011 war er weltweit für das Geschäft der BCG Praxisgruppe Corporate Development (Strategie und Corporate Finance) verantwortlich.

Seit 2007 berät er internationale Unternehmen bei der Vorbereitung auf die Herausforderungen der fortschreitenden Finanzkrise. Er verfasste das mit dem »getAbstract International Book Award 2010« ausgezeichnete Buch *Accelerating out of the Great Recession* (in Deutschland: *Vor der Krise ist nach dem Aufschwung*) und *Die Billionen-Schuldenbombe* über die Schuldenkrise. Daniel Stelter ist ein international gefragter Redner.

In seinem Forum »Beyond the Obvious« entwickelt Stelter zielführende Antworten auf die ökonomischen Fragen unserer Zeit. Deutschland und Europa stehen inmitten der schwersten wirtschaftlichen Herausforderungen seit dem Zweiten Weltkrieg.

www.think-beyondtheobvious.com

Stichwort-
verzeichnis